Norbert Thimm

Coaching und Training

Mehr als ein Spiel – Meine Erkenntnisse, Eindrücke, Fragen und Ideen zum Thema Laufbahnberatung von Leistungssportler*innen

AF667764

Norbert Thimm

Coaching und Training

Mehr als ein Spiel

Meine Erkenntnisse, Eindrücke, Fragen und Ideen zum Thema Laufbahnberatung von Leistungssportler*innen

Rediroma-Verlag

Bibliografische Information der Deutschen Nationalbibliothek:
Die Deutsche Nationalbibliothek verzeichnet diese Publikation in der Deutschen Nationalbibliografie; detaillierte bibliografische Daten sind im Internet über http://portal. dnb. de abrufbar.

ISBN 978-3-98527-553-3

Copyright (2022) Rediroma-Verlag

Alle Rechte beim Autor

www. rediroma-verlag. de
9,95 Euro (D)

Ich widme das Buch meiner Familie und den Freunden, die wir über die Jahrzehnte durch unseren Sport gewonnen haben, in Erinnerung an gemeinsam erlebte unvergessliche Momente.

VORWORT von Rainer Schulz

Jeder Mensch, der sich mit Sport beschäftigt, ist irgendwann an den Begriffen Coaching und Training vorbeigekommen. Nicht selten werden beide Begriffe bedeutungsgleich angewandt, ohne dass dabei darüber nachgedacht wird, dass es nicht zufällig beide Begriffe gibt und die damit gemeinten Tätigkeiten idealerweise in Abstimmung und Ergänzung erfolgen.

Wenn ein Mensch wie Norbert Thimm sein Buch genau den beiden Begriffen widmet, dürfen wir erwarten, dass wir eine spannende und informative Lektüre zu lesen bekommen.

Norbert Thimm hat einen umfassenden Blick auf beide Tätigkeiten, weil er über ebenso vielfältige wie differenzierte Einblicke aus unterschiedlichen Perspektiven verfügt.

Der Hochleistungssportler Norbert Thimm war während seiner aktiven und überaus beeindruckenden Laufbahn klug genug, auch über das Ende seiner Karriere hinaus zu planen, und hat so gleichzeitig sein Studium als Diplompsychologe erfolgreich abgeschlossen.

In seiner beruflichen Tätigkeit im Bayer-Konzern hat er häufig jungen Leistungssportlern*innen zur Seite gestanden, die wie er selbst den Spagat zwischen Sport und beruflicher Orientierung schaffen mussten.

Gleichzeitig hat er seine Erfahrungen als Coach und Trainer an jüngere Spielerinnen und Spieler weitergegeben. Dass er später in Vereinen wie Verbänden auch die häufig herausfordernde Verantwortung auf der Seite derer kennengelernt und gestaltet hat, die jungen Sportlerinnen und Sportlern eine zeitweilige Heimat geben, rundet seine Kompetenz ab.

Mindestens ebenso bemerkenswert ist aber die Tatsache, dass er bei seinen drei Kindern gemeinsam mit seiner Ehefrau Heidke mit großem Engagement dafür gesorgt hat, dass sie in einem von Verständnis und Leidenschaft für den Sport geprägten Umfeld ihren sportlichen Ambitionen nachgehen konnten, ohne dabei ihre berufliche Zukunft aus den Augen zu verlieren.

Norbert Thimm ist ein Mensch, der mit großer Authentizität viele Aspekte, die ein guter Coach und Trainer haben sollte, in sich vereint.

Das Buch eines solchen Mannes über Coaching und Training zu lesen, ist eine Bereicherung für jeden, der sich diesen Themen ernsthaft widmen möchte.

Duisburg, Oktober 2021
Rainer Schulz

Inhalt

A) ANLIEGEN

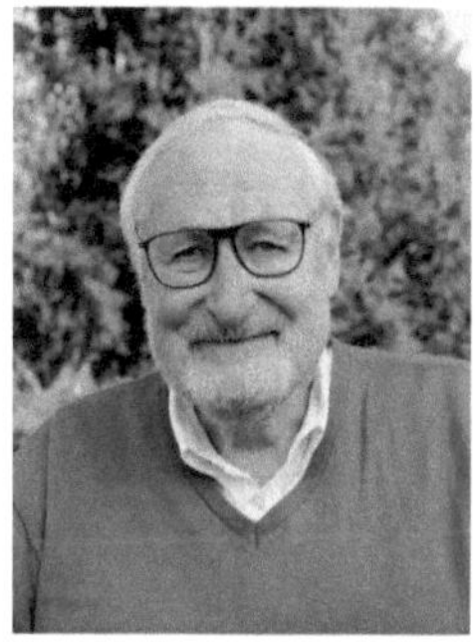

Vor dem Hintergrund der eigenen und familiären Biografie waren und sind sportliche Themen bedeutsamer Lebensbestandteil sowohl vom Eigenerleben her als auch in der Kommunikation mit Familienmitgliedern und Sportfreund*innen über Jahrzehnte hinweg. Sie wurden gelebt in je unterschiedlicher Ausprägung von Emotionalität und rationaler Auseinandersetzung bei der Verfolgung von Sportereignissen und dem eigenen Erleben von Erfolg und Misserfolg. Durch die schillernden Facetten des Sports hindurch können uns besonders interessierende Themen langfristig „verfolgen" und auch prägen, die wir mit anderen, den Medien, teilen bzw. die einem quasi die Brille aufsetzen und zu Meinungen und Ansichten werden.

So darf ich am Ende respektive *Schluss (H)*, der das Thema nicht beschließt, noch einmal auf die biografischen *Blickwinkel* eingehen.

Für mich – nach meinem Sport- und Psychologiestudium – waren und sind Persönlichkeitsentwicklung, Selbstmanagement sowie Beratung und Coaching besondere Themen im außersportlichen und sportlichen Zusammenhang.

Eine zentrale Figur im Sport ist der Trainer und Coach. Eine Frage, die mich weiterhin bewegt: Was kann / soll dieser für sich, die Mannschaft, die Sportler*innen leisten neben Ergebnissen und Entwicklung? Ist er hauptsächlich für Leistungsentwicklung, Technik, Taktik und Fitness verantwortlich oder für Leistungsentfaltung im Sinne von Persönlichkeitsentwicklung und kann ein solcher Prozess eingebettet sein in eine ganzheitlich orientierte Laufbahnberatung? Geschichtliches zum Thema Coaching und Begriffsklärung bis hin zu Coachingmethoden aus dem außersportlichen Komplex soll hier der Schwerpunkt sein.

Nun möchte ich mich der Frage widmen: ist nicht ein *Makrocoaching*, ein *laufbahnberatendes und entwickelndes Coaching* ein Muss im Hochleistungssport, bekommt man es in die tägliche Arbeit integriert? Selbstverständlich sind die Rahmenbedingungen im hoch kommerzialisierten Sport, die sozioökonomischen und personellen Bedingungen und der Organisationsgrad eine entscheidende Determinante oder auch abstrakt gefragt: Was ist möglich zwischen Freiheit und Notwendigkeit?

Meine Worte sollen nahelegen, dass es gute Ansätze gibt, Personalentwicklung (PE) und Laufbahnentwicklung integrativ zu verfolgen, umfassendes Coaching im Sport zu betreiben, wenn Konzept und Qualifikationen vorhanden sind.

Norbert Thimm

B) EINLEITUNG

Auch die Motivation, etwas über das Thema *Laufbahnberatung* zu verfassen, ist begründet in der familiären, sportlichen und beruflichen Sozialisation. Direkter Anlass war die fruchtbare Zusammenarbeit mit meinem Sohn Moritz in unserer Coachingagentur „Laufbahncoaching T. I. M“. Zudem ist der sportliche Background der ganzen Familie immer von Bedeutung gewesen. Alle haben höherklassig und um Titel gespielt in deutschen Basketballbundesligen: der Autor, die Ehefrau und die Kinder Moritz, Mayte und Birte, die noch aktiv ist -*„mit und für Trainer“,* der hier im Mittelpunkt stehen soll.

Moritz hatte sich in frühen Jugendjahren nach Start im Basketball und Fußball in unserer Heimat, der Sportstadt Leverkusen, für einen Aufenthalt in den USA entschieden. Geplant war ein Highschool-Jahr – daraus wurden insgesamt sechs Jahre mit der Ausbildung im Basketball und zur Erlangung der akademischen Würden als Bachelor of Arts, BA International Business Eckerd College, Florida. Nach seiner Rückkehr nach Deutschland war er nach verschiedenen Praktikumsfunktionen zunächst im Bayerwerk und im Sportverein aktiv. Er ist hauptberuflich in leitender Funktion in der Bayer 04 Fußball Gmbh beschäftigt. Begleitend spielte er als Basketballprofi für Jahre für den TSV Bayer Leverkusen.

Ich war in meiner Basketballlaufbahn Jahrzehnte zunächst als Bundesliga-, Nationalspieler und Olympiateilnehmer sowie als Profi (Real Madrid) im Ausland aktiv, spielte zwölf Jahre mit neun Meister -und Pokaltiteln für den TSV Bayer Leverkusen. In der Nachfolge war ich als lizensierter A-Trainer, Co- und Individual-Trainer in der Bundesliga und späterhin in verschiedenen Vorstandsfunktionen im Verein und Verband, zuletzt zehn Jahre als Präsident der Damenbasketballbundesliga (DBBL) tätig. Ich habe während der leistungssportlichen Tätigkeit in Bonn und Köln Psychologie studiert und mit Diplom abgeschlossen. Zwischenzeitlich leistete ich einen anderthalbjährigen Zivildienst ab. Nach Beendigung meiner Sportkarriere begann ich eine über 30 Jahre dauernde Tätigkeit bei der Bayer AG im Bereich Personalwesen/Personalauswahl. Im Rahmen dieser Funktion als Diplompsychologe im Bayer-Konzern war ich auch für die Eingliederung und Laufbahnberatung von Leistungssportlern der Werksvereine im Hinblick auf Aus- und Fortbildung tätig. Seit der Pensionierung bin ich freiberuflich als zertifizierter Coach aktiv und nunmehr seit zehn Jahren mit seinem Sohn mit der Beratungsagentur *www.laufbahncoachingtim.com* in der Betreuung von Bundesliganachwuchsspielern und Trainern mit dem Schwerpunkt Basketball und als Coach für berufliche Fragestellungen selbstständig tätig.

Die berufliche Betroffenheit und die geschilderten persönlichen und familiären Sportbiografien machten besonders – neben Erlebnissen und Meisterschaften in Eigenrealisation – *die Karriereentwicklung von Spielern* und *die Mannschaftsführung / das Coaching / der Trainer / Coach* zum Gegenstand der Erfahrungen und Diskussionen. Die beiden Aspekte sind per se Teil eines Ganzen.

Lassen Sie mich hier erwähnen, dass ich bereits vor längerer Zeit, zum Ende meiner professionellen Spielertätigkeit, eine erste hier relevante Darstellung von Erfahrungen und Notwendigkeiten zum Thema ***Psychosoziale Betreuung von Leistungs- und Spitzensportler*innen*** (vgl. THIMM, 1981) publiziert habe. Ich habe dort auch auf die schon seinerzeitigen programmatischen Bekundungen der gesellschaftspolitischen Institutionen zur Sport- und Sportlerförderung hingewiesen. Insbesondere – neben der grundsätzlichen Bedeutung für das Gemeinwesen – wird auch eine Unterstützung für notwendig erachtet, die für Spitzensportler*innen Nachteile in Beruf und Ausbildung verhindern soll. Das müsse auch durch ein integratives Beratungs- und Betreuungssystem gewährleistet sein. Mittlerweile hat der Sport selbst immense Veränderungen erfahren und die Kommerzialisierung des Spitzen- und Profisports die Rahmenbedingungen grundlegend verändert. Beim Rückblick sind nichtsdestoweniger Parallelen zur aktuellen Situation deutlich geworden. Es bestehen weiterhin große Handlungsbedarfe, um die gesellschaftliche Wertschätzung des Sports in die Realität umzusetzen.

Die folgenden Ausführungen sind nun ein Versuch *Coaching / Training quasi als gesellschaftlichen Mikrokosmos* z. T. aus dem Blickwinkel Basketball mit den außersportlichen Überschneidungen und seinen Facetten zu beschreiben. Dann versuche ich zu beschreiben, was vor diesem Hintergrund einen guten Coach auszeichnet, was er leisten kann und sollte und inwieweit er bewusst Elemente eines **laufbahnberatenden oder laufbahnentwickelnden Coachings** in seine Arbeit zu integrieren vermag.

Der Coach steht im Mittelpunkt meiner Ausführungen „die Person in der Coachingzone“, die den Sportler trainiert, begleitet und berät – im Verbund mit dem Vereinsmanagement, Beratern und begleitenden Institutionen. Ein Motiv für diesen Versuch ein paar Worte zu verlieren, ist der durch meine Laufbahn gehende Respekt vor „meinen Trainern“. Ich habe die Trainer nie gehasst, war manchmal verwundert, habe sie meistens bewundert und konnte als langjähriger Kapitän durch meine Leistung und Verhalten teilweise „mitcoachen“. Selbstverständlich waren sie, was Person und Kompetenz anbelangt, unterschiedlich. Ich war bei aller Kritik – die ich meistens für mich behalten habe – mit ihnen erfolgreich und hatte wunderbare Erlebnisse und Ergebnisse.

Einleitend möchte ich im Folgenden zunächst auf die derzeitige Praxis und auf bestehende Programme und Ansätze eingehen. Nach einem kurzen Blick auf die Begriffsbestimmung des Coachings werde ich ausführlich einen Klärungsversuch zur Abgrenzung von Training und Coaching angehen. Es folgt das Aufzeigen wesentlicher Elemente eines laufbahnberatenden und laufbahnentwickelnden Coachings, die schließlich abgeglichen werden mit Empfehlungen der Literatur und Erfahrungen und Aussagen von kompetenten Spielern und Trainern. Im Fazit werden Umsetzungsmöglichkeiten in die Mikroebene der Trainingspraxis angedacht und aufgezeigt.

C) AKTUELLE FÖRDER- UND STÜTZ-MASSNAHMEN

Die folgende „Darstellung“ bezieht sich in der Hauptsache auf Kaderathleten*innen, Collegestudenten*innen, Bundesligaspieler*innen und Klientel aus dem erweiterten persönlichen Netzwerk, sprich Hochleistungssportler*innen im deutschen Basketball.

Vor dem Hintergrund geschilderter Biografie sind die Beiträge aus dem persönlichen Blickwinkel Basketball respektive Mannschaftsport erstellt. Das betrifft auch die „Beratungslandschaft“, die in den Ballsportarten je nach Kommerzialisierung unterschiedlich ausgeprägt ist. Zu Beginn einige Aspekte zum Hintergrund.

Hier seien Eindrücke aus dem bundesdeutschen Sport Thema – Hinweise auf alternative ausländische Betreuungsprogramme werden abrissartig erwähnt.

Betreuung und Beratung von Hochleistungssportler*innen respektive Profisportler*innen wird in der Hauptsache im bundesdeutschen Sport durch Vereine, Verbände, die Deutsche Sporthilfe, Olympiastützpunkte mit Laufbahnberatern und persönliche „Berater“ (um das Wort Agent zu vermeiden) realisiert – neben dem Coach, der – um mich zu wiederholen – im Mittelpunkt steht oder stehen sollte, auch wenn viele Sportler vielleicht der Auffassung sind, er sei eine austauschbare „Institution" und nicht die Determinante für ihre Entwicklung.

Ein Kriterium, das auch die unterschiedliche Realisierung der Beratung determiniert, ist der Finanzstatus der Athleten*innen. Ein mittelfristiges oder langfristiges „Engagement" hat Konsequenzen für die Lebens- und Laufbahnplanung bis hin zur Bewältigung des Karriereendes. Bedeutet der Hochleistungssport eine „Erwerbschance" oder / und eine „Versorgungschance"? Kann man sich für die Gegenwart ein hinreichendes oder gutes Einkommen durch den Sport sichern oder reicht es, um sich für die spätere Zukunft zu versorgen? Zentrales Thema im Sportlerdasein ist meines Erachtens die seit Jahrzehnten im Leistungssport thematisierte „Duale Karriere". So stellen sich weiter Fragen wie: „Welche Unterstützung braucht es z. B., um aus der Sportbiografie seine übertragbaren Fähigkeiten parallel oder später für das alternative Berufsleben (transferable skills) zu nutzen?" Und besonders: „Wie geht es nach dem Sport weiter?" Weiterhin fragen die Spitzensportler*innen, die sich auch im Sinne der Persönlichkeitsentwicklung für den Beginn einer Dualen Karriere schon parallel zur Aktivenzeit entscheiden: „Mit welchen aktuell sportkonformen, sportnahen respektive späteren Praktikums-, Arbeits- und Studienplätzen kann ich rechnen?" Die „Deutsche Sporthilfe“ oder auch beispielsweise die „Sportstiftung NRW“ (siehe weiter oben), Vereine und Verbände haben darauf schon gute Antworten gegeben. Gleichwohl gehören Fragen von Sportler*innen weiter zum Alltag wie: Haben die Sportverbände, die unterstützenden Institutionen über Kontakte hinaus solide Kooperationsvereinbarungen mit dem universitären Bereich? So sollten dann Regelungen vermieden werden, dass zum Beispiel eine Basketballerin mit auf einem anerkannten College absolvierten Master in Psychologie von einem deutschen universitären Prüfungsamt eine geringe Anrechnung ihrer Credits zugewiesen bekommt und die Fortsetzung des Studiums auf adäquatem Niveau nur bedingt möglich ist.

Über die sportorganisatorischen Aspekte hinaus ist selbstredend das Thema Finanzierung entscheidend für die Realisierung der Unterstützungsformen. Wie die ökonomische Situation und die „Bewegung des Geldes“ bestimmend ist, wird auch besonders in Krisenzeiten (Pandemie) deutlich. Das durchschnittliche Gehalt eines guten deutschen Basketballbundesligaspielers mag sich im guten vierstelligen Bereich bewegen – wenn der Ligabetrieb aufrecht erhalten wird – und ein guter Bundesligafußballer darf sich über das Gehalt eines Vorstandsmitgliedes eines DAX-Konzerns freuen. Abgesehen von den hohen

Summen im Provisions- und Ablösegeschäft, die „Berater" bei der Vermittlung von Arbeitsplätzen für Profis generieren. Stelle ich vereinfachend den Kaderathleten dem hoch bezahlten Profifußballer gegenüber, sind naturgemäß unterschiedliche Schwerpunkte – abgesehen vom Geld – auch in der „breiten" Beratungslandschaft und vor dem Hintergrund unterschiedlicher Sozialisation und Bedürfnisse logisch. Gleichwohl bleibt das Thema Duale Karriere durchgehend virulent.

Eine Randnotiz zu Programmen im Ausland zum Thema Laufbahnberatung in der sportpsychologischen Literatur: Die Autoren beginnen mit der Kritik, es fehle meist bei sonstiger fortdauernder Gewährleistung medizinischer Versorgung z. B. durch Olympiastützpunkte auch im Nachhinein eine institutionalisierte psychologische Nachbetreuung nach dem Karriereende, etwa zur Hilfestellung bei der Überwindung von Schwierigkeiten bei der Bewältigung des Karriereendes. Dazu gehört auch das Erlernen und Nutzen übertragbarer Fähigkeiten (transferable skills) für den neuen Berufsalltag (vgl. STOLL et al., 2010).

Die Autoren verweisen auch beispielhaft auf Karriere- und Ausbildungsprogramme namens CHAMPS / Life Skills in den Vereinigten Staaten im Rahmen des Collegesports. Dort werden integrativ mehrere Ziele verfolgt, nämlich Studienerfolg, sportlicher Erfolg, Persönlichkeitsentwicklung sowie berufliche Karriereentwicklung … und der „Schwerpunkt liegt auf Prävention, indem Beratung, Unterstützung und Förderung so geschehen, dass Athlet*nnen eine optimale Entwicklung ihrer sportlichen, beruflichen, psychischen und sozialen Fähigkeiten erreichen können“ (vgl. STOLL et al. ebenda). Beschriebenes Ziel ist auch, dass Athlet*nnen Hilfe zur Selbsthilfe erhalten (Empowerment). Dem ähnlich ist das australische Programm (ACE UK-Programm) gestaltet – mit einem Schwerpunkt Psychologischer Eignungsdiagnostik. Eine wichtige Person/Funktion ist zudem im Collegealltag ein sogenannter „Academic Advisor“ – ein nicht zu vernachlässigender Faktor bei der Lernunterstützung gerade der Athleten*innen. Er garantiert dort eine durchgehende Begleitung in fachlichen Fragen, Projekten, Leistungstest, Nachhilfe und Förderung auch bei kritischen Leistungssituationen.

In den im Folgenden aufgeführten Fördermaßnahmen sind die finanziellen Bausteine, die Basis für die Sportler*innen, die Garantie, seine sportlichen Ambitionen zu realisieren. Eine ganzheitliche Unterstützung muss auch das Ziel haben, ihn in seinem lebenslangen Lernen zu begleiten. Das Interesse am Menschen und nicht nur seine sportlichen Erfolge stehen im Mittelpunkt. Wie kann man das Individuum, den Sportler in seiner Andersartigkeit inmitten unterschiedlicher Kulturen erreichen und ihn in seiner Entwicklung unterstützen, auch im Hinblick auf Weiterbildung für sich selbst und den neben und / oder nach der Sportkarriere folgenden anderen Berufsalltag? KUHL, 2019, hat dazu in seiner Masterarbeit „Verständnis, Rolle und Bedeutung von Weiterbildung bei ehemaligen Leistungsportler*innen“ auf der Basis von Sportlerinterviews die Facetten von Weiterbildung (formale-, nonformale-, informelle Lernformen) und die sportspezifischen Rahmenbedingungen plastisch herausgearbeitet.

Zurück zur nationalen Förderung von – in der Hauptsache – Kaderathleten. Es bilden die (gemeinnützige) *Stiftung Deutsche Sporthilfe* sowie der *DOSB*, die regierungsunabhängige Dachorganisation mit seinen 90000 Sportvereinen, Landessportbünden und -verbänden also die führenden Unterstützer des deutschen Sports respektive deutscher Kaderathleten*innen olympischer Sportarten in diesen Belangen ein beeindruckendes System – mit Olympiastützpunkten und einem Netz von Sportinternaten, auch in Kooperation mit der landesweiten *Sportstiftung NRW*.

Es geht also um die Notwendigkeit von *ganzheitlicher Beratung und Unterstützung* durch Institutionen, Vereine und Trainer im aktuellen Sportalltag und über das sportliche Karriereende hinaus in einen „anderen Alltag“ und diese Programme verdienen meines Wissens und vieler Athleten noch mehr Präsenz und Durchschlagskraft.

Die *Stiftung Deutsche Sporthilfe* wurde auf Willi Daumes Initiative am 26. Mai 1967 in Berlin gegründet. Sie beschreibt sich im Intro in den sozialen Medien: „Seit 1967 unterstützen wir Nachwuchs- und Spitzensportler*innen auf dem Weg zu großen Erfolgen und sind die wichtigste private Sportförderinitiative in Deutschland … Dabei unterstützen wir sowohl finanziell als auch bei der Karriereplanung und in der Persönlichkeitsentwicklung. Geförderte Sportler*innen sind zu 90% an deutschen Erfolgen bei internationalen Wettkämpfen beteiligt.“ Aktuell werden ca. 4000 deutsche Nachwuchs- und Spitzenathlet*innen aus über 50 Sportarten gefördert mit der Zielrichtung, eine erfolgreiche sportliche Karriere mit einer verantwortungsbewussten schulischen und beruflichen Aus- und Weiterbildung verbinden zu können. Das Förderkonzept gliedert sich in Basisförderung – Top Team Future – Top Team und *Nachaktivenförderung* mit gestaffelter finanzieller Förderung und Zusatzbausteinen. Besonders wird in der Darstellung betont: … „in den letzten Jahren ist die Förderung verstärkt auf die *Vereinbarkeit von Spitzensport und Ausbildung* ausgerichtet …“ Die stärkere Betonung der Dualen Karriere findet auch seinen Niederschlag in dem Förderbaustein „Sprungbrett Zukunft“, indem Laufbahnberater*innen an den Olympiastützpunkten in Kooperation mit Sponsoren aus der Wirtschaft „nachhaltige“ Förderung über die aktive Zeit hinaus anstreben. Ich durfte seit Anfang 2000 für einige Zeit als Laufbahnberater am Olympiastützpunkt Köln / Bonn tätig sein und habe Veränderungen und Entwicklungen der Programme über die Jahre verfolgen können. Schon zu jener Zeit erlebte ich die Bedeutung, die für viele von der Deutschen Sporthilfe geförderte Kaderathleten*innen die Abstimmung zwischen Leistungssport und Beruf und Ausbildung hatte. Die Aktualität wird heute auch noch einmal in der Programmatik des 2017 gegründeten Vereins Athleten Deutschland e. V. deutlich gemacht, einer Sportler*innenorganistion und Nachfolger einer ersten Spielergewerkschaft. Dieser will die Interessen der deutschen Kaderathleten unabhängig und professionell vertreten. Seit 2019 ist Johannes Herber, der frühere erfolgreiche Nationalspieler und Buchautor über seine Basketballkarriere (vgl. Herber, 2014) der Geschäftsführer. Auf der Homepage unter der Überschrift „Wir erweitern die Perspektive“ wird neben anderen Schwerpunkten die erfolgreiche Persönlichkeitsentwicklung der Athlet*innen als gemeinsam zu verfolgendes Ziel angesehen, im Hinblick auf den Erwerb mentaler Stärke und psychischer Gesundheit zum Ende ihrer Spitzensportkarriere. Desweiteren soll die Schaffung beruflicher Erfolgschancen Thema sein. Schon während oder nach der sportlichen Laufbahn sollen über individuelle Bildungsangebote Wege in einen selbst gewählten Berufseinstieg gesichert werden. Dabei geht man davon aus, dass sportbegleitende Bildungs- / Weiterbildungangebote – jedenfalls bei einem Großteil der Sportler*innen – sich positiv auf die sportliche Leistung auswirken. Außerdem können berufliche Orientierungsangebote wie z.B. Praktika die Entscheidung für weiteren Leistungssport erleichtern (vergl. auch Kuhl, 2019). „Athleten Deutschland“ weisen in ihren „Perspektiven“ darauf hin, dass ihre Unterstützung auch dem Thema Altersversorgung für Athlet*innen gilt, eine Initiative aus 2020 der „Deutschen Sporthilfe“ und des BMI (Bundesministerium des Innern).

Es sei in diesem Zusammenhang noch einmal näher auf die Thematik „nach der Sportkarriere“ eingegangen und auf die oft gestellte Frage verwiesen, ob Hochleistungssportler*innen von im Sport erworbenen Kompetenzen und im alternativen Arbeitsleben profitieren. Beispielhaft seien hier zwei Beiträge aufgeführt und mit PAASCH gefragt: „Sind Leistungsportler*innen für den Arbeitsmarkt geschaffen?“ (vgl. PAASCH, 2018). Durch Online-Befragung von Top-Athleten*innen und explorativen Gesprächen mit Personalverantwortlichen und der Zielrichtung, berufsrelevante Persönlichkeitsmerkmale zu ermitteln, kommt

PAASCH zu folgender Schlussfolgerung : „Die Studienergebnisse zeigen, dass Spitzensportler*innen Persönlichkeitsmerkmale aufweisen, die für den Aufstieg in einem Unternehmen förderlich sein können. So ließen sich für Sportler*innen überdurchschnittliche Werte hinsichtlich Engagement (Wettbewerbsorientierung, Leistungsanspruch, Karriereorientierung), Disziplin (Planungsorientierung, Sorgfalt, Analyseorientierung) und Stabilität (Gelassenheit, Selbstbewusstsein, Stress- und Frustrationstoleranz), feststellen." PAASCH folgert weiter: „Die Ergebnisse belegen, dass es sich für Personalverantwortliche lohnt, bei Nachwuchsrekrutierung auf das Segment Leistungssport zu achten." (PAASCH, ebenda)

Mit anderem methodischen Ansatz kommt (vgl. SCHWAAB, 2010) zu ähnlichen Ergebnissen: „… dass Leistungssportler*innen als besonders belastbar, leistungsbereit und zielorientiert erlebt werden und dabei über eine positive, selbstbewusste Ausstrahlung verfügen". Und „viele der Argumente, die für die Beschäftigung von leistungsorientierten Sportler*innen sprechen ... konnten empirisch bestätigt werden" und machen „deutlich, dass Leistungssportler*innen für Unternehmen ein interessantes Potenzial darstellen". Beide Autoren verweisen auf weitere Untersuchungen mit gleichem Tenor. Allgemein sind aber im Hinblick auf den Erfolg im alternativen Berufsbereich die schulischen Bildungsvoraussetzungen neben den Persönlichkeitsvoraussetzungen gleichsam von Bedeutung. Hier bilden Fußballprofis beim Karriereübergang eine spezifische Gruppe, sowohl hinsichtlich ihrer Lebensphilosophie während ihres sportlichen Erwerbslebens als auch der wegen der schulischen Qualifikationen und „passen" von daher nicht in die unten beschriebene Klientel. GÜNZEL hat in seiner Funktion als Vorsitzender der Fußballergewerkschaft VdV über die Zeit Befragungen (aktuell bis 2018) bei Lizenzspielern und Vertragsamateuren durchgeführt und obwohl sich positive Verschiebungen ergeben haben, bleibt wie vor einigen Jahren noch festzustellen: „In aller Regel vernachlässigen junge Spieler mit ihrem ersten Profivertrag die weitere berufliche Entwicklung außerhalb des Fußballs. Die Weichen für diese wichtige berufliche Grundsatzentscheidung werden bereits in einem relativ jungen Alter gestellt, in welchem die möglichen Konsequenzen für die spätere berufliche Entwicklung nicht überschaubar sind oder verdrängt werden … Immerhin über drei Viertel der Befragten verfügen zu Ende ihrer Profilaufbahn über keine abrufbare beruflichfachliche Qualifikation". Die VdV bietet hier Berufsberatung sowie Coaching an und schafft durch ein Berufsprofiling eine Wissens- und Entscheidungsbasis für Ausbildung, Jobs und auch Existenzgründungen. Dabei sind selbstredend die Leistungen der Vereine – in welcher Intensität auch immer – nicht zu vernachlässigen. Diese Notwendigkeiten sind auch deshalb relevant, weil ein Großteil der ehemalig gut verdienenden Sportler in Bezug auf ihre finanzielle Versorgung nach der Karriere „Defizite" aufweisen. Mit Blick auf die Zukunft antworteten die Spieler selbst, dass fast jedem zweiten Ex-Profi nach dem Karriereende finanzielle Probleme drohen.

Die genannten Variablen, die beispielhaft das Sportlerleben bestimmen, werden – abgesehen von Vereinen und Institutionen wie die „Sporthilfe" – im Profi- / Hochleistungssport bestimmt oder beeinflusst von Beratern und beratenden Agenturen, wobei der Agent in der Hauptsache im monetären Kontext gesehen wird und der persönliche Berater eher mit einer engeren Beziehung an den Menschen und seiner Entwicklung „on and off the court" interessiert ist. Hier soll nicht auf die Unzahl von „Agenten" und Spielervermittlern gerade im Profifußball eingegangen werden (vgl. Transfermarkt), sondern beispielhaft und auszugsweise auf die Darstellung der Leistungsangebote im Basketball oder darüber hinaus. Grundsätzlich finden sich drei größere „Beratungsrichtungen" in den Agenturen, die sich in Größe, Budget, Anzahl und Qualifikation der Mitarbeiter sowie in der Breite und Tiefe der Kooperationen unterscheiden. Es geht grundsätzlich um die drei Beratungsrichtungen *Rekrutierung / Profiling, Counselling und Vermittlung*. Manpower, Budget und Digitales Know How bestimmen die Umsetzung.

Lassen Sie mich ein paar Fragen stellen, die es möglich machen, etwas über den qualitativen und quantitativen Hintergrund von Beratungsagenturen erfahren: Wie präsentieren sich diese „Beratungslandschaften“ in der Öffentlichkeit? Welche Sozialen Medien werden zur Darstellung genutzt? Welche Dienstleistungen sind beispielhaft / ausschnittweise auf der Homepage der (Basketball-) Agenturen zu finden? Werden Informationen über Manpower, Qualität und Ausstattung sowie Projekte, die betreute Sportlerklientel und Events vermittelt? Die Realisierung dieser und anderer relevanter Dienstleistungen ist naturgemäß abhängig von den personellen und finanziellen Ressourcen. Sie ist geografisch und ligabezogen und durch Kooperationen im sportlichen und Expertennetzwerk determiniert.

Ein Unterscheidungskriterium oder vielleicht das Alleinstellungsmerkmal kann sein, inwieweit die Agentur ganzheitliche Beratung für sich beansprucht, der Vermittlungsaspekt mit einhergeht oder im Vordergrund steht oder breite Aufstellung und Kompetenzen grundsätzlich hinreichend Leistungen generieren.

Folgende Tätigkeitsbereiche werden in der Hauptsache platziert:

- Karrieremanagement
- Repräsentation
- Marketing & Branding
- Vertragsverhandlungen
- Rechtsberatung
- Ver- / Absicherungen
- Post Career Management
- Laufbahncoaching / Spielerentwicklung
- Karriereberatung
- Sponsoring
- Counselling u. a.

Hier sei auf das unten erwähnte Beratungsangebot des Autors verwiesen (vgl. Homepage Laufbahncoaching TIM) und erläuternd auszugsweise Leistungsbereiche als Beispiele aus demselben aufgeführt. Sie gliedern sich in Aufgabenstellungen im Sportsmanagement und psychologisch orientierter Berufsberatung (bei kleinem Geschäftsrahmen). Die Agentur ist seit zehn Jahren tätig in der Betreuung von Nachwuchsnationalspielern*innen, Trainern und außersportlicher Beratungsklientel. Sie arbeitet mit kleinem personellen Rahmen, realisiert aber inhaltlich Leistungen, wie sie Agenturen anbieten.

Als Coach und Spielerberater sowie im Abgleich mit den sozialen Medien kann ich sagen, dass folgende Segmente unsererseits inhaltlich den Markt spiegeln:

Sports Management
Leistungsbereiche

Profiling
T. I. M. *erstellt – in Absprache mit den Klienten – Profile der betreuten Sportler mit Informationen über ihre sportlichen und persönlichen Fähigkeiten, Eigenschaften und Ziele.*

Persönlichkeits- und Anforderungsprofile unterstützen den Vermittlungsprozess für beide Vertragspartner – Verein und Sportler – und das „Passen" in ein neues Team und das (auch außersportliche) Umfeld.

Sportprofile
(zum Einsatz für eine mehrjährige Karriereplanung von Perspektivspielern im Interesse des Sportlers, der Familie und des ausbildenden Vereins –sportlich und außersportlich)

1. *Einsatz des Profilingbogens „Laufbahncoaching T. I. M. "*
2. *Trainer beschreiben/beantworten sportspezifische Fragen*
3. *Elterninterview*
4. *Sportlerinterview*

5. *Einsatz fachpsychologischer Aufgaben/Testung*
6. *Erstellen des Personenprofils*
7. *Durchsprache / Feedback Eltern, Trainer, Sportler, Vereinsverantwortliche*
8. *Zusammenfassung der aktuellen Information und Formulierung der Zielrichtung (unter Einbindung der relevanten Kontaktpersonen Familie, Verein, Coach) für die nächsten drei bis vier Jahre.*

Trainerprofile

Einsatz der Tainerprofilbogens „Laufbahncoaching T. I. M." zur Erstellung eines fachlichen und überfachlichen Trainerbewerberprofils respektive eines Anforderungsprofils bei Besetzung eines Trainerarbeitsplatzes sowie zur Eigenanalyse und Handlungsregulierung des Coaches (siehe unter F).

Consulting

Qualifizierte und lizensierte Spielervermittlung, die die sportlichen, persönlichen und ökonomischen Bedürfnisse des Spielers und die Anforderungen des Vereins und Coaches berücksichtigt.

Coaching

Coaching ist „betreuende" zielorientierte professionelle Begleitung, die den Prozess der Entwick-

lung und Stabilisierung von Fertigkeiten (Skills), Fähigkeiten und Verhaltenseigenschaften unterstützt – im Sport und im alternativen Ausbildungs- und Berufsleben.

Ziel der Unterstützung ist eine eigenständige Bewältigung von Veränderungen und die Förderung des Selbstmanagements und der Umsetzungskompetenz.

Sportpsychologische Intervention

Sportpsychologische Analyse handlungs- und teamrelevanter Eigenschaften und Umsetzung von Maßnahmen der Handlungs- und Motivationssteuerung.

Nachwuchsförderung

Entsprechend der ganzheitlichen Orientierung ist uns die persönliche Förderung talentierten Nachwuchses in seiner Entwicklung ebenso ein Anliegen wie die Unterstützung der Aktivitäten zur Nachwuchsförderung von Vereinen, Verbänden und Ligen.

Wir respektieren die Ausbildungsinvestitionen der Vereine und handeln kooperativ bei Spielertransfers.

Wir sehen eine besondere Aufgabe darin, den betreuten Nachwuchsspielern Hilfe und Koordination in ihrer Dualen Karriere zukommen zu lassen und wollen ihnen im Verbund mit der Familie, dem Verein und den Verbänden bei der Klärung eines langfristigen Karriereplanes (z. B. bei möglichem Auslandsaufenthalt / Collegebesuch oder Aufnahme in ein Förderprogramm eines Vereins mit schulischen / ausbildungsrelevanten Kooperationspartnern) helfen.

Berufsberatung

Leistungsbereiche

Qualifizierungsberatung (Vorabinfo bei Einsatz psychologischer Berufsberatung)

Die *Qualifizierungs- / Berufsberatung* ergänzt bei Sportlern die Betreuung fakultativ.

Bei der Suche und vor der Entscheidung für eine Ausbildung, ein Studium, eine Fortbildung und für einen Arbeitsplatz ist es wichtig, das Anforderungsprofil der anstehenden Tätigkeiten mit den eigenen Fähigkeiten, Interessen, Werthaltungen und Persönlichkeitsvoraussetzungen zu vergleichen. Die Übereinstimmung von Selbsteinschätzung und Anforderungen ist Basis für ein erfolgreiches Abschneiden. Mitunter bedarf es dabei der Inanspruchnahme einer Hilfe durch private oder professionelle Berufsberatung, um Entscheidungshilfen zu bekommen und Unsicherheiten zu bewältigen. Immer geht es um eine Verdeutlichung der persönlichen Voraussetzungen („was will ich, was kann ich") und das Aufzeigen von Wegen der Qualifizierung bei Aus- und Fortbildung. Eine psycho-

logische Eignungsuntersuchung, die aus dem Einsatz von Testverfahren und persönlichen Interviews / Gesprächen zur Ermittlung der Leistungs-, Interessens- und Persönlichkeitsvoraussetzungen besteht, kann eine wichtige Entscheidungshilfe sein. Wir halten es für sinnvoll, dass der Ratsuchende im Sinne der Selbsterkundung und Eigenaktivität (self-assessment) vor dem Hintergrund heutiger Angebote im Web auch parallel online aktiv ist. Relevante, inhaltlich fundierte Links zur Berufsorientierung werden zur Verfügung gestellt, dabei erzielte Ergebnisse besprochen, reflektiert und in den Beratungsprozess mit eingebunden. Insgesamt geht es darum, die Fähigkeiten und Eigenschaften für beide Seiten transparenter zu machen, sie zu besprechen und mit den schon vorhandenen Vorstellungen in Einklang zu bringen. Unter Einbeziehung der Biografie und der Ausbildungsdaten kann man damit – im Interesse und in Abgleich mit dem Ratsuchenden – ein „Profiling", ein Bild der Person und der möglichen Qualifizierungswege erstellen und Maßnahmen besprechen. Die Ergebnisse von Testung und Beratung insgesamt unterliegen dabei der Schweigepflicht nach § 203 StGB. Der beiliegende „Fragebogen zur Vorbereitung einer Qualifizierungsberatung" dient auch der Erhebung von Informationen für die gegebenenfalls nachfolgenden Schritte der Eignungsuntersuchung.

Lösungsorientiertes KurzzeitCoaching

Das *lösungsorientierte Kurzzeitcoaching* kann begleitend oder separat eingesetzt werden und ist bisher eher in der Trainer / Berufsberatung genutzt worden.

Coaching ist betreuende zielorientierte professionelle Begleitung, die den Prozess der Entwicklung und Stabilisierung von Fertigkeiten, Fähigkeiten, Verhaltenseigenschaften und damit auch Emotionen lösungsgerichtet unterstützt – sowohl im Beruf, Organisationen und Privatleben als auch im Sport. Ziel der Unterstützung ist eine eigenständige Bewältigung von Veränderungen und die Förderung des Selbstmanagements und der Umsetzungskompetenz.

Das lösungsorientierte Kurzzeitcoaching setzt vorbereitende Gespräche und konkordante Zielvereinbarungen von Coachee / Klient und Coach voraus.

Es beruht auf Kooperation und gegenseitigem Vertrauen. Der Coach wird die von ihm angewandten Methoden, ihre Funktionsweisen und Zwecke sowie die Risiken und die möglichen Ergebnisse in jeder Phase des Coachings offenlegen.

Der Coach muss in diesem Zusammenhang darauf aufmerksam machen, dass Coaching ein freier, aktiver und selbstverantwortlicher Prozess ist und bestimmte Erfolge nicht garantiert werden können. Der Coach steht dem Klienten als Prozessbegleiter und Auslöser von Veränderungen zur Verfügung – die eigentliche Veränderungsarbeit wird vom Klienten geleistet.

Der Coachee sollte bereit und offen sein, seine Werte selbstkritisch zu hinterfragen, sich mit seiner eigenen Person und Situation objektiv auseinanderzusetzen, eigenes Verhalten zu ändern und den Coach und seine Arbeit zu akzeptieren.

Coach und Coachee vereinbaren, für einen bestimmten Zeitraum zusammenzuarbeiten. Der Coach wird für den Klienten ein Coaching durchführen, das z.B. im Themenkomplex Beruf die Erfassung, Aufarbeitung und Optimierung der gegenwärtigen beruflichen Situation des Klienten unter Berücksichtigung außerberuflicher, insbesondere privater Aspekte zum Ziel hat.

Coaching T. I. M. arbeitet in den Teilbereichen/Themenkomplexen:

Beruf / Sport: Karriere – Berufs – Arbeitsplatzwahl – Wechsel – Motivation – Post Career / Ruhestand

Organisation: Entscheidungsfindung – neue Leistungen

Privatleben: Harmonie – Familie – Freizeit

Das Kurzzeitcoaching erstreckt sich in der Hauptsache über einen Zeitraum von fünf Sitzungen(a einer Zeitstunde) im (meist) monatlichen Abstand.

Es erfolgt auf Basis eines Vertrages mit vereinbarten bedarfsbezogenen Themen, Definition der beidseitigen Verantwortung und der technischen Rahmenbedingungen.

Das Coaching wird von Laufbahncoaching T. I. M. respektive von Norbert Thimm, Diplompsychologe und zertifizierter Supervisor (BDP), als Coach durchgeführt.

D) COACHING

Lassen Sie mich hier jetzt abrissartig zum Kern des Themas übergehen, dem „Coaching", um dann differenzierend auf den möglichen Unterschied zum „Training" und die mögliche Überschneidung / Verbindung einzugehen.

COACHING ist heute ein vielgebrauchter Begriff für unterschiedliche Bereiche – und nicht nur vordringlich im Sport. Der Begriff wird heute für viele Arbeits- und Lebensbereiche „vermarktet" und die Dienstleistung von einer nicht überschaubaren Zahl von Coaches mit unterschiedlichsten Qualifikationsniveau angeboten. „Coach" bedeutet ursprünglich „Kutsche" und findet sich seit Jahrhunderten im englischen Sprachgebrauch. Seine Anwendung hat Ursprünge im pädagogischen Bereich (Tutorenfunktion) und seine Umsetzung im Sport geht im Angloamerikanischen zurück ins 19. Jahrhundert. In den 60er Jahren des 20. Jahrhunderts begann JOHN GALLWEY (vgl. GALLWEY, 2012) besondere Formen des Sportcoachings zu entwickeln. Er nannte sie „The inner game of Tennis" (respektive Golf/Ski). Öffentliche Erfolge, die die Verbesserung sportlicher Mannschaftsleistungen durch Methoden des Coachings belegten, führten zu Anfragen aus der Wirtschaft, diese Art der Beratung auf unternehmerische und wirtschaftliche Fragen anzuwenden. In der Nachfolge wurde diese Idee auch in Deutschland umgesetzt und dann auch jenseits der Berufswelt populär. Nach einer allgemeinen Definition unterstützt ein Coach einen Clienten durch systematisches und wissenschaftliches Vorgehen, Probleme im Arbeitsleben und anderen Lebenssituationen aus eigener Kraft besser zu bewältigen. Kritisch sei hier oft unzureichende Wissenschaftlichkeit und allzu weite ökonomisch relevante Ausweitung von Coachingangeboten auf eine Unzahl von Anwendungsbereichen anzumerken. Coaching wird gleichwohl heutzutage mannigfaltig angewandt und interpretiert. Es hat Chancen in breiten Wirkungsfeldern wobei Begrenzungen im methodisch / fachlicher Richtung zu beachten sind und Zertifizierungen sowie kritischen Umgang verlangen.

Im Folgenden sei hier die Definition von GREIF (vgl. GREIF, 2005) als Basis gewählt, in der Hoffnung, sie gelte für die Anwendung im „Beruf“ und „Sport“ gleichermaßen: „Coaching ist eine intensive und systematische Förderung der Reflexionen und Selbstreflexion sowie „Beratung“ von Personen und / oder Gruppen zur Verbesserung der Erreichung selbstkongruenter Ziele oder zur bewussten Selbstveränderung und Selbstentwicklung.“

Ansiedeln kann man seine Anwendung zwischen den Polen oder Berührungspunkten:

- *Therapie* (mit Richtungen wie Verhaltenstherapie oder Gesprächspsychotherapie),
- *Beratung* (wie Berufsberatung respektive mit Schnittstelle zur therapeutischen Intervention),
- *Training / Teaching* (wie Didaktik, Pädagogik, Erwachsenenbildung oder auch sportliches Training, grundsätzlich geht es um Wissensvermittlung),
- *Sparring und Prozessbegleitung oder Shadowing* (wie in der Personalentwicklung) und
- *Mentoring und Counselling* (kann z. B. beim Karriereende eines Sportlers eine Bedeutung bekommen, wenn eine Vertrauensperson während des Transitionsprozesses unterstützend und führend berät und die Entwicklung fördert).

Sie weisen alle einige Schlüsselmerkmale und -fähigkeiten auf, sind aber methodisch in der Zielrichtung und inhaltlich unterschiedlich.

Eine zusammenfassende Darstellung, pragmatische Abgrenzungen von Coaching, Lehre und Ausbildung / Training, Mentoring und Beratung findet sich unter: https://www.skillsyouneed.com/learn/coaching.html.

E) COACHING UND TRAINING

Es soll hier versucht werden, das Coaching aus dem Blickwinkel des Sports zu sehen und dabei eine mögliche Differenzierung der Pole „Training“ und „Coaching“ darzustellen, auch wenn Mischformen die Regel sind.

Die Akzentuierung in der Arbeit eines (Sport-) Coaches prägt sein Konzept, seine Philosophie und Arbeitsweise und ihr kommt im Spitzensport auch bei dem Anforderungsprofil für ein Trainerprofiling eine differenzierende Bedeutung zu.

Es sei hier noch einmal eine weitere Coachingdefinition von JOHN WHITMORE (vgl. WHITMORE, 2011), die auch historisch Sportbezug hat, platziert: „Coaching ist die Erschließung des Potenzials einer Person zur Maximierung ihrer eigenen Leistung. Es hilft ihnen zu lernen, anstatt sie zu unterrichten.“ Es wird also der Coach nicht (nur?) als der „Experte“, sondern als „Lernförderer“gesehen. Im Coaching helfe der Coach grundsätzlich dem Einzelnen, seine eigene Leistung zu verbessern, also zu lernen. So gehe der „gute“ Trainer grundsätzlich davon aus, dass der Sportler/Coachee seine Antwort auf ihn betreffende Fragen habe, aber vielleicht Hilfen brauche, um passende Antworten zu finden. Fragen sind im professionellen Coaching *das* methodische Mittel auf dem Weg zu definierten Zielen.

Im Folgenden seien beginnend Beispiele von Verhaltensbeschreibungen oder Zielrichtungen von Training / Coaching genannt, die letztlich zu Kennzeichen eines „Effektiven Coachings“ führen.

Nach KEIL (vgl. KEIL, 2017) ist (im Sport) eine Unterscheidung in der Sportpsychologie hilfreich. Man trennt zwischen „Leistungsentwicklung“ und „Leistungsentfaltung“. Ersteres „wird gemeinhin als das Training im eigentlichen Sinne betrachtet und betrifft Körper und Geist …, „denn es gehe sowohl um muskuläre Stabilisierung und Entwicklung als auch um Erlernen komplexer Techniken und Taktiken“. Und beim Prozess der Leistungsentfaltung stehe die „Abrufbarkeit der entwickelten Leistungsvoraussetzungen unter Druck im Wettkampf im Mittelpunkt“. So versteht auch er unter Coaching im Sport primär, dass es darum gehe, „den/die Athleten*in zu befähigen, anfangs noch mit Hinweisen und Feedback von außen und am Ende alleine in der Arena mit einer Spitzenleistung zu bestehen. Der „gute Coach“ (der Begriff soll hier öfter auftauchen!) mache sich am Ende überflüssig, weil er die Autonomieentwicklung der Athleten*innen so weit gestärkt hat, dass diese über eine stressresistente variable Handlungssicherheit verfüge. Die „Performance“ der Spieler*innen und des Teams basiert logisch auf beiden Aspekten, wobei der Coach den Anforderungen entsprechend in Spielvorbereitung, -verlauf, -abschluss und Nachbereitung im Sinne der Einflussnahme auf die Leistungsentfaltung agieren muss.

Ein deutscher Trainer (A Qualifikation) definiert ähnlich – für ihn ist das Training das Vermitteln von Skills auf eine sehr deduktive Art und Weise („Depends on Telling“). Beim Coaching realisiere der Coach die (Spiel-) Umstände, in denen die Skills angewandt werden sollen, und das sei so etwas wie ein Führen und Herauskitzeln der Möglichkeiten, wie die Skills optimal genutzt werde können (abhängig von Zeit, Situation usw.). Das erfolge induktiv, also durch Coaching. „Depending on Asking“, der Coach leitet. Beides könne für sich Erfolg haben, wenngleich nur beides zusammen aus seiner Sicht zum Optimum führe.

Es erscheint sinnvoll, die beiden Begriffe näher über die Verhaltensweisen zu beschreiben, die man diesen Rollen zuschreibt und die speziell sind für – wenn man die Trennung macht – Leistungsentwicklung oder Leistungsentfaltung. Oder anders gesagt, wer macht was an direktem „körperlichen“ Training und / oder Beratung und Motivierung – wenn man bewusst trennen will oder kann.

Der Trainer wird meist folgendermaßen beschrieben:

Er zeichnet für die Realisierung von Zielen mit / durch sein methodisch / taktisches Wirken im Training verantwortlich und bringt das notwendige Fachwissen der Trainingsdidaktik / der Sportwissenschaft ein, leitet an und moderiert das Training und ist verantwortlich für die Entwicklung sportlicher Skills und – auch regelkonformer – Verhaltensweisen. Demgegenüber liegt meines Erachtens der Schwerpunkt des Coaches darin, eher beratend die Sportler*innen in ihrer Zielorientierung zu unterstützen. Psychologisches Know-how kann ihn zu partnerschaftlicher Kommunikation befähigen mit der gemeinsamen Perspektive, Ziele zu erreichen und überfachliche Entwicklung in Richtung *Selbstmanagement* zu fördern. Wie in diesem Zusammenhang scheint es danach auch, dass effektives Coaching viel komplexer ist, als bestimmte Verhaltensweisen „einzusetzen" oder andere zu vermeiden. Die „hinter" den Kompetenzen liegende wichtigere Variable ist wohl – so zeigen Ergebnisse – die *Beziehung* zwischen Trainer / Coach und Sportler, also wirkungsvoller als die Verhaltensweisen des Coaches selbst. Der Coach-Athleten-Beziehung kommt wohl eine entscheidende Rolle bei der Bestimmung der Wirksamkeit von Coachingverhalten zu. So können direktive Anweisungen von einem Coach, dem man Kompetenz und Glaubwürdigkeit zuschreibt, als transparent, helfend und umsetzbar gesehen und geglaubt werden bei einem anderen nur als kontrollierend und mit hemmender Zurückhaltung einhergehen. Auch können gewährter Freiraum für die Umsetzung und das Fragen nach autonomer Realisierung einen positiven Aufforderungscharakter entstehen lassen und bei eng kontrollierendem Verhalten eher Fragen nach Kompetenz, mangelnder Planung oder sogar Gleichgültigkeit aufkommen lassen. Die *Beziehung* kann dann z.B. bei den Vorgaben des Coaches in Bezug auf taktische Maßnahmen und die Rollenzuweisung von Spieler*innen eine hinderliche oder fördernde Wirkung haben – auch bei sonst stabilem Kompetenzhintergrund des Coaches.

Ein besonderer Aspekt: In der Hand des Coaches, und das ist ein meines Erachtens wiederum ein wichtiges Kompetenzkriterium, liegt es gerade im Nachwuchsbereich bzw. im besonderen ungefähren „Entwicklungsalter“ (18 bis 22 J.) laufbahnberatend über die zeitlich definierte Technik und Körperentwicklung hinaus langfristig zu entwickeln. Und das abgesehen von der Beziehungsbasis und wenn er denn so von den Anforderungen definiert ist respektive sich selbst so definiert (vgl. LIPPMANN, 2013). Nebenbei bemerkt: Es scheiden sich die Geister oder die Vereinsverantwortlichen, inwieweit für ihren talentierten Nachwuchs eine – sehr verallgemeinert – auf mehr oder weniger striktes Teaching und strenge Rollenzuweisung ausgerichtete Leistungsentwicklung wie meistens im College das X und O sein kann. Oder nicht eine nationale Ausbildung in gewohnter Umgebung adäquat oder förderlicher sein kann. Selbstredend sind Erfahrung im Ausland und die kombinierte praktische und akademische Ausbildung von persönlich bedeutendem und prägendem Stellenwert.

Generell ist im Mannschaftsport oder in einer Trainingsgruppe neben dem Trainer / Coach, die Mannschaftsführung, das Miteinander, das soziale Gefüge (und, wie unten gesagt, die Beziehung) mit determinierend für Entwicklung und Leistung. Der Sportpsychologe Lothar LINZ (vgl. LINZ, 2014) hat dazu eine die Sache eher ergänzende Antwort, wie Coaching realisiert wird, indem er eher die notwendig umzusetzenden „Werkzeuge“ eines effektiven Coachings im sozialen Miteinander darstellt. Es ist ein Konzept bestehend aus sechs Faktoren. Sie beschreiben pragmatische, geschulte allgemeine Verhaltensweisen:

- *Beziehung Athlet / Team als Basis*
- *Inhaltliche Arbeit / Aktive Reflexion anregen*
- *Strukturierter Aufbau der Inhalte / Merkfähigkeit*
- *Sprache und Blickkontakt / Positive klare Formulierungen*
- *Emotionen wecken / Intrinsische Motivation für positive Anspannung*

- *Zeit als limitierender Faktor*

Diese eher allgemein gehaltenen Aspekte klären nicht weiter oben zu nennende „dahinterstehende“ Eigenschaften, *Kompetenz und Anforderungsdimensionen* des Trainers / Coaches (siehe F).

Wie unten beschrieben, hängt ein bedeutendes Kriterium für erfolgreiche Arbeit, der Sporterfolg, nach bisherigen Befunden bedeutsamer mit ähnlichen sozialpsychologischen Variablen wie dem Gruppenklima, der Zufriedenheit, der Kohäsion und der Beziehung in der Mannschaft und zum Coach zusammen als mit der Leistungsoptimierung. „Möglicherweise ist das Trainerverhalten als solches nur ein Mosaikstein im Bedingungsgefüge sportlicher Leistungen“ (vgl. STOLL, ebenda). Umso mehr kommt dem Trainer meines Erachtens über die Leistungsentwicklung hinaus die „Verantwortung“ für die Kompetenz- und Persönlichkeitsentwicklung der von ihm „trainierten“ Sportlern*innen zu.

In meiner Sportbiografie habe ich die zunehmende Rollendifferenzierung im Mannschaftssport – beginnend mit dem Trainer als „Mädchen für alles“ bis zum mehrköpfigen Trainerstab – „on and off the court“ erlebt und gesehen. Eine persönliche Selbstschilderung (die nichts an Aktualität verloren hat) eines *befreundeten Trainers* „aus alten Zeiten“ zeugt vom „Rollenmix“ und breiter Verantwortung beginnend mit der Verantwortung für

Zielvorgaben: „dass der Coach die Ziele seiner Mannschaft vorgeben sollte und jedem Spieler bei der individuellen Ausbildung Ziele vorgibt, die der Handelnde mit seinen Fähigkeiten und Fertigkeiten erreichen kann. Und zu mir: Meine Stärken lagen darin, die Rollen innerhalb eines Teams sehr gut zu verteilen, ein Wir-Gefühl und eine starke Teammotivation zu erreichen, einen sehr guten Blick für die individuellen Fehler – insbesondere schnelle Erkenntnis deren Genese – und ein unerschöpftes taktisches Ideenpotenzial, um Lösungen zu im Wettkampf auftauchende Probleme parat zu halten. Geduld, Mut und Handlungsaktivität gehörten dazu ..."

Wie in der Saisonvorbereitung, in der Trainer, Physiotherapeut, Athletiktrainer, Arzt etc. involviert sind, ist heute auch ein mehrköpfiger Betreuungsstab mit oft einem Headcoach und mehreren Co-Trainern oder veränderten Rollen steigend mit dem Professionalisierungsgrad im Spielbetrieb üblich geworden. Sieht man ab von den unterschiedlichen und sich überschneidenden Definitionen auf der verwaltenden Führungsebene der Clubs – vom Sportdirektor bis zum Geschäftsführer Sport. Auch heute liegen Mischformen und Rollenüberschneidungen in der Natur der Sache oder der Kulturraum definiert den Trainer respektive Coach. Seit Jahren hat sich z.B. in der englischen Fußballprofiliga die aufgabenübergreifende

Beschreibung des „Teammanagers“ für den leitenden Coach oder Trainer etabliert. Er ist auch als Vermittler von Informationen und Vorbereiter auf ein Spiel gefordert, schafft Rahmenbedingungen für eine erfolgreiche Saison, ist damit auch klassische Führungskraft. Im nordamerikanischen Basketball sind die Funktionen und Verantwortlichkeiten bei der Betreuung von Spitzensportler*innen und damit die Definitionen von „Trainer“ und „Coach“ andere als im europäischen Raum. Als Beispiel sei eine plastische Umschreibung eines befreundeten amerikanischen Coaches (der in Europa und in der NBA tätig war), Lorin MILLER, der weiter oben noch einmal zitiert wird, aufgeführt: *„two unique and different responsibilities.*

The coach is the person that prepares the team to play. The strategy and quite often that includes drills for running, jumping and overall conditioning. The key difference between a coach and a trainer is their priority: coaches are primarily focused on a team, while a trainer focuses on an individual athlete or small group. Coaches improve an athlete's ability to benefit the team, while a trainer can improve the athlete's ability to perform.

Thus, the coaches main job is getting a team ready to compete.

Football has coaches for each specific skill required for a player.

Other sports including basketball usually have assistant coaches involved in specific skill training.

The Trainer has the responsibility for treating injuries including rehabilitation after injuries. The trainer attends to players physical needs in practice and game situations.

Perhaps the trainers most important job is referrals to the team doctor concerning injuries".

„Trainer in den USA haben zwei einzigartige und unterschiedliche Aufgaben. Der Trainer ist die Person, die die Mannschaft auf das Spiel vorbereitet, die Strategie, und oft beinhaltet dies Übungen für das Laufen, Springen und die Gesamtkondition. Der Hauptunterschied zwischen einem Coach und einem Trainer ist ihre Priorität: Coaches konzentrieren sich hauptsächlich auf ein Team, während sich ein Trainer auf einen einzelnen Athleten oder eine kleine Gruppe konzentriert. Coaches verbessern die Fähigkeit von Athleten*innen, dem Team zu helfen, während ein Trainer die Leistungsfähigkeit von Athleten*innen verbessern kann. Die Hauptaufgabe des Trainers besteht also darin, ein Team wettbewerbsfähig zu machen. Football hat Trainer für jede spezifische Fähigkeit, die für Spieler*innen erforderlich ist. Andere Sportarten, einschließlich Basketball, haben in der

Regel Assistenztrainer, die an einem spezifischen Fähigkeitstraining beteiligt sind. Der Trainer trägt die Verantwortung für die Behandlung von Verletzungen einschließlich der Rehabilitation nach Verletzungen. Der Trainer kümmert sich um die körperlichen Bedürfnisse der Spieler in Trainings- und Spielsituationen. Die vielleicht wichtigste Aufgabe der Trainer ist die Überweisung an den Mannschaftsarzt bei Verletzungen.“

Ein befreundeter erfahrener deutsch-amerikanischer Coach, Steven CLAUSS, ergänzt – auch im Hinblick auf die folgende Darstellung von Martin ROONEY (vgl. ROONEY, 2016), dass in englischer Sprache der „Trainer“ oft eng definiert und z.B. mit dem Masseur oder Physiotherapeut gleichzusetzen sei. In USA sei der „Trainer“ nicht ein Basketballübungsleiter. Insofern erfülle das Wort „Coach“ in englischer Sprache die deutsche Bedeutung von Trainer und Coach. Man könne darüber streiten, ob der Trainer / Coach eine Person sei. Es gäbe in Deutschland und in den USA definitiv unterschiedliche Personen, die entweder Training oder Wettkämpfe leiten, und es gäbe Trainer (die Person/en, die Training leiten) und Coaches, Personen, die Wettkämpfe leiten (coachen) und außerdem Trainer / Coaches z.B. im Bereich der Athletik, Psychologie etc.“

Lassen Sie mich die Coaching/Training-Thematik abschließen mit einer Summierung von zwölf pragmatischen Umschreibungen aus dem angloamerikanischen Raum von Martin ROONEY (vgl. ROONEY, 2016). Sie macht die Verwandtschaft, die Schnittstellen und Unterschiede von Coaching und Training plastisch und die unten aufgeführten „Definitionen“ sind praxisnah:

„A Trainer Lights a fire under someone
Ein Trainer entzündet ein Feuer unter jemandem
A Coach Lights A Fire Inside Of Someone.
Ein Coach entfacht ein Feuer in jemandem

A Trainer affects the hour they are with someone.
Ein Trainer beeinflusst die Stunde, die er mit jemandem zusammen ist
A Coach affects the hours they are not with someone.
Ein Coach beeinflusst die Stunden, in denen er nicht mit jemandem zusammen ist.

A Trainer Hopes To Get Through The Session.
Ein Trainer hofft, an das Ende der Trainingseinheit zu kommen.
The Coach Hopes To Get Through To Someone.
Der Coach hofft, an jemanden heranzukommen.

A Trainer Forgets The Job Is Not To Remind People About Problems.
Ein Trainer vergisst, dass es nicht sein Job ist, den Sportlern nur ihre Probleme wachzurufen.
A Coach Remembers The Job Is To Solve Them.
Ein Coach erinnert sich, dass es seine Aufgabe ist, sie zu lösen.

A Trainer Stretches your legs.
Ein Trainer streckt des Sportlers Beine.
A Coach Stretches Your Limits.
Ein Coach weitet „seine" Grenzen.

A Trainer Counts Your Reps.
Ein Trainer zählt „seine" Wiederholungen.
A Coach Discounts Your excuses.
Ein Coach ignoriert „seine" Ausreden.

A Trainer Is concerned with How Much time you put in.
Ein Trainer interessiert sich dafür, wie viel Zeit er investierst.
A Coach is concerned with How Much You put into the time.
Ein Coach interessiert sich dafür, wie viel er in die Zeit investiert.

A Trainer wants you to do your best.

Ein Trainer will, dass du dein Bestes gibst.
A Coach wants you to do better than your best.
Ein Coach will, dass du mehr als dein Bestes gibst

A Trainer is concerned More With How, Where and When.
Ein Trainer beschäftigt sich mehr mit dem Wie, Wo und Wann.
A Coach is Concerned More With Who, What and Why.
Ein Coach kümmert sich mehr um das Wer, Was und Warum.

A Trainer Works For A Paycheck.
Ein Trainer arbeitet für einen Gehaltsscheck.
A Coach Works For A Passion.
Ein Coach arbeitet aus Leidenschaft.

A Trainer Develops and Delivers Your Workout.
Ein Trainer entwickelt und leitet dein Training .
A Coach Creates and Cultivates Your Purpose.
Ein Coach erschafft und unterstützt deine Zielvorgaben.

Training is Something You Do To Someone.
Training ist etwas, das man mit jemandem macht.
Coaching Is Something You Do With Someone
Coaching ist etwas, bei dem man gemeinsam etwas macht.

Die pragmatische, angloamerikanische Übersicht kann überleiten zu der Frage nach übergreifenden Methoden oder auch Definitionen von Werten eines Coaches, die als „Philosophie“ den Hintergrund seines Coachings bestimmen. Ich habe viele Coaches erlebt und sie respektiert. Für mich war es immer wichtig zu wissen, was sie für/in dich investieren und natürlich das Team – im Sinne von Team / Personalentwicklung, insbesondere im Nachwuchsbereich respektive in den „wichtigen“ Jahren von 18-22 Jahren (entspricht der Collegephase). Oder reduzierte sich ihr „Können“ auf Kondition und Technik und „wie gewinne ich das Spiel und welche Pre Game Coaching Options“ nutze ich?

Übrigens definieren sich erfolgreiche Trainer auch im Fußballgeschäft über den taktisch / technischen Komplex hinaus zunehmend deutlich über die Zielorientierung und die Werterealisation und belegen diese ihre übergeordnete Philosophie mit Begriffen wie Empathie, Respekt, Loyalität, Dankbarkeit und Rücksicht und die es für sie zudem an die Spieler zu vermitteln gilt. Und sogar ein bekannter Coach bis in die Vereinskultur hinein der Realisation von Werten, „die das Leben lebenswert machen“ das Wort spricht – auch im Sinne einer Vereinsidentität, die über die sowieso vertraglich definierten „Zuwendungen“ hinausgeht. Am Profifußball lässt sich gerade in besonderen Zeiten der Pandemie ablesen, inwieweit übergeordnete Werte wie Veränderungsbereitschaft, Nachhaltigkeit, Respekt und finanzielles Umdenken gegenüber der Gesellschaft thematisiert und vielleicht sogar realisiert werden können.

F) LAUFBAHNBERATENDES UND -ENTWICKELNDES COACHING

Letzteres kann auch zu tun haben mit Veränderungen der Wertorientierung in der Beziehung Coach-Sportler und damit mit „Laufbahnberatenden und -entwickelndem Coaching“. Unter diese Überschrift seien Ausführungen gestellt, die in der Hauptsache der Reflexion dienen, welche sportübergreifenden Handlungskompetenzen den „guten Coach“ ausmachen können. Bevor ich hier zu einem Abriss der Kompetenzen komme, seien als praktischer, typisch „angloamerikanischer“ Einstieg zwei persönliches Statements zweier befreundeter amerikanischer Coaches, *Lorin Miller und Pete Miller*, zitiert mit ihren unterschiedlichen Stichworten – wenn auch teilweise recht allgemein klingend –, was Coaching, Technik und Taktik anbetrifft.

My suggestions for coaching skills (LORIN MILLER, ein langjähriger Freund, Coach in College und NBA, auch in Deutschland, mit persönlichen, allgemeinen Anmerkungen zum Thema):

„Be a great or at least good teacher. Learning new skills require a discussion about how to move efficiently including balance.

Always require repetition. Over and over until it's natural.

Patience is high on the list. Learning takes time and mistakes will happen.

Patience and positive reaction.

Adjust your plan to your players skill level.

Do not be a coach that uses fear as a tool for motivation. Use praise.

Consider the idea that uses all ones potential rather than winning or losing.

Use it all up with your highest and strongest effort.

Don't sacrifice your need to be successful beyond caring for your family.

That's a few thoughts. I have more than 50 years has provided for me.

A footnote. When I arrived in Germany it became apparent to me that my team didn't need much except a few suggestions and my dedication towards helping them succeed.

The leadership from the players was amazing."

„Meine Vorschläge zu Coaching-Fähigkeiten / Skills :

Seien Sie ein großartiger oder zumindest ein guter Lehrer. Das Erlernen neuer Fähigkeiten erfordert die Reflexion darüber, wie man sich effizient bewegt, einschließlich der notwendigen Balance.

Verlangen Sie immer Wiederholungen. Wieder und wieder, bis es selbstverständlich ist.

Geduld ist ganz oben auf der Liste. Lernen braucht Zeit und Fehler werden passieren.

Geduld und positive Reaktion.

Passen Sie Ihren Plan an das Fähigkeitsniveau Ihrer Spieler an.

Seien Sie kein Trainer, der Angst als Mittel zur Motivation einsetzt. Verwenden Sie Lob.

Präferieren Sie das Konzept, nachdem Sie versuchen, das ganze Potenzial auszuschöpfen anstatt nur dem Sieg oder der Niederlage nachzuhängen.

Nutzen Sie alles mit höchstem und stärkstem Einsatz.

Opfern Sie Ihr Bedürfnis, erfolgreich zu sein, nicht der Fürsorge für Ihre Familie.

Das sind nur ein paar Gedanken. Ich habe mehr, als 50 Jahre für mich vorgesehen haben.

Eine Fußnote. Als ich in Deutschland ankam, wurde mir klar, dass mein Team nicht viel brauchte, außer ein paar Anregungen und meine Hingabe, um ihnen zum Erfolg zu verhelfen.

Die Führung durch die Spieler war erstaunlich."

Pete MILLER (langjähriger US-amerikanischer Spieler und aktueller Coach in Europa) eingeschoben auf die Frage nach ebensolchen Kompetenzen oder Charakteristiken. Stehen Taktik oder übergreifende Fähigkeiten im Vordergrund, muss beides verbunden sein?

„Characteristics Of a Great Coach and Leader (PETE MILLER)

It is understood that a coach must be at the highest level in regards to tactics – otherwise it doesn't make sense to take on the job. But there are many factors just as important (or even more important) as tactical understanding. The higher you move up in competition levels, the more people-management skills increase in importance.

- *A wise man once told me: „Plan your work and work your plan"*
- *Be a communicator = listening as well as speaking*
- *Be dependable and reliable. Your players will be more willing to give you everything if they know they can count on you.*
- *When you are experiencing difficult times, screaming and yelling won't change the situation. Take time to honestly analyze the situation and then make your conclusions and decisions and any necessary changes*
- *Respect your players and the fact that they work hard every day*
- *If you teach the players correctly, you can then trust them as well.*
- *Never criticize or blame your players in public/media*

- *You must always be able to give clear and concrete answers to your players in regards to tactics. This means that you must be very thorough in your analysis and preparation.*
- *Develop a "feel" for when your team is physically and/or mentally fatigued. Take advantage of the times where you can apply "Load-Management". It isn't always possible because the season schedule will sometimes dictate your training plans. "*

„Merkmale eines großartigen Trainers und Führungsperson:

Es ist klar, dass ein Coach in Sachen Taktik auf höchstem Niveau sein muss - sonst macht es keinen Sinn, den Job zu übernehmen. Aber es gibt viele Faktoren, die genauso wichtig (oder sogar noch wichtiger) sind wie taktisches Verständnis. Je höher man in den Wettbewerbsebenen aufsteigt, desto wichtiger werden die Fähigkeiten im Umgang mit Menschen.

- Ein weiser Mann hat mir einmal gesagt: „Plane deine Arbeit und arbeite deinen Plan"
- Seien Sie ein Kommunikator = sowohl zuhören als auch sprechen
- Seien Sie verlässlich und zuverlässig. Ihre Spieler werden eher bereit sein, Ihnen alles zu

geben, wenn sie wissen, dass sie auf Sie zählen können.
- Wenn Sie schwierige Zeiten erleben, wird Schreien und Brüllen nichts an der Situation ändern. Nehmen Sie sich die Zeit, die Situation ehrlich zu analysieren und dann Ihre Schlüsse und Entscheidungen zu treffen und notwendige Änderungen vorzunehmen
- Respektieren Sie Ihre Spieler und die Tatsache, dass sie jeden Tag hart arbeiten
- Wenn Sie die Spieler richtig unterrichten, können Sie ihnen dann auch vertrauen.
- Kritisieren oder tadeln Sie Ihre Spieler nie in der Öffentlichkeit / den Medien
- Sie müssen immer in der Lage sein, Ihren Spielern klare und konkrete Antworten in Bezug auf die Taktik zu geben. Das bedeutet, dass Sie in Ihrer Analyse und Vorbereitung sehr gründlich sein müssen.
- Entwickeln Sie ein Gespür dafür, wann Ihre Mannschaft körperlich oder geistig erschöpft ist. Nutzen Sie die Zeiten, in denen Sie „Last-Management“ anwenden können. Das ist nicht immer möglich, weil der Saisonplan manchmal Ihre Trainingspläne diktiert.“

Welchen Kriterien / Kompetenzen muss also ein guter Coach in dem Zusammenspiel von Training und Coaching genügen? Und kann Coaching und

Training von ihm verbunden gelebt werden und kommen außersportliche Coachingqualifikationen bei seiner Arbeit zusammen? Kann es den guten Coach überhaupt geben, der über das Sportliche hinaus oder symbiotisch mit dem Sportlichen „Laufbahnberatendes Coaching“ realisiert, oder ist das zu naiv gefragt? Oder anders, ob ein „guter“ Coach persönlich Instrumente der „Laufbahnentwicklung und -beratung“ nutzen kann / muss“ (vgl. GASTEIGER, 2014). Das schließt natürlich die „Nutzung“ eines coach-the-coach-Ansatzes nicht aus, zumal heutzutage der Trainerstab vom Arzt über den Physiotherapeuten*innen, Psychologen*innen bis zu den Assistance Coaches im Hochleistungssport Usus ist. Meines Erachtens gehören gleichwohl sportübergreifende allgemeine Coachingqualifikationen und Coachingtechniken zum Anforderungsprofil, zum „Werkzeugkasten“ eines guten Coaches im Sport. Im Grunde entspricht das dem Ansatz von KEIL (siehe unten), der zwischen dem sportpsychologischen Ansatz von Leistungsentwicklung und Leistungsentfaltung unterscheidet. LIPPMANN hatte dieses „Einhergehen“ mit und über das „spezifische“ Trainerverhalten hinaus – das sich hauptsächlich auf z.B. Technik, Vor / Taktikvermittlung und auf das Wettkampfcoaching / die Spielvorbereitung konzentriert(?) – zusammenfassend umschrieben: *gemeinsame Zielorientierung mit psychologischem*

Know-how zum Selbstmanagement (vgl. LIPMANN, 2013). Diese „Überschrift" diene als Klammer und Definition für ein flexibel praktiziertes „laufbahnberatendes und -entwickelndes Coaching". Verantwortlich" für die Realisation durch den Coach sind auch hier die Fähigkeiten, Techniken, motivationale Strukturen, Persönlichkeitseigenschaften, die Kompetenzen, sportbezogen und übergreifend. Sie werden in der Literatur strukturiert in sogenannten Kompetenzklassen dargestellt. Sie umschreiben die Anforderungen an für Leistungsentwicklung und -entfaltung an Verantwortliche im Leistungssport, den guten Coach (oder auch Trainer).

Vorab sei den Kompetenzklassen eine Summierung von Anforderungen aus der gängigen Coachingliteratur aufgeführt, die auch die Schnittstellen beider „Coachingwelten" im und außerhalb des Sports deutlich macht:

Kompetenzen des Coaches

- Authentizität u Glaubwürdigkeit
- Kritische Loyalität, Wertschätzung
- Kompetenz im Thema
- Einfühlungsvermögen
- Fähigkeit, zuhören zu können
- Vertrauenswürdigkeit
- Lebens- und Berufserfahrung

- Ausbildung / fundiertes Fachwissen (Fach- und Methodenkompetenz)
- geistige Agilität und Flexibilität
- Nähe und Distanz (Engagement und Neutralität)

Fachkompetenz – Methodenkompetenz – Sozialkompetenz – Personale Kompetenz

Welche Kompetenzen, also Fähigkeiten, Fertigkeiten, Kenntnisse und Wissensvoraussetzungen, sind demnach für Handlungsfähigkeit in der Führung, Beratung und Betreuung von Leistungsportler*innen generell Voraussetzungen respektive welche Dimensionen, Schwerpunkte im Profil machen eher diesen guten Coach aus – wenn es ihn denn gibt. Gibt es Beispiele für „besondere“ Kompetenzanforderungen an den guten Coach? (siehe auch Checkliste Trainer / Coach weiter oben): Neben dem Wissen über die Sportart per se sind allgemein Technik- und Taktikkenntnisse, speziell Spielvor- und Nachbereitung, situativ flexible Aktivität im Spielverlauf sowie Spiel-Trainingskonzept und Bereiche wie Trainingslehre, Sportmedizin, Koordinations-, Konditionstraining und die Ausbildungsqualifikationen, Erfahrung / Leistungsbilanz im Hintergrund fachlich relevant mit den Kompetenzen im Hintergrund.

Methodenkompetenz

Neben Grundvoraussetzungen an Arbeitsplanung, -organisation und -sorgfalt ist das Management des Trainings sowie des Wettkampfes in Planung, Steuerung und Auswertung Aufgabe des Coaches, wobei die steuernden, „coachenden“ Aktivitäten im Spielverlauf das zentrale Element im Basketball sind. Gesprächsführungs- und Interviewtechniken sollten Werkzeug sein wie die grundsätzliche Fähigkeit, Informationen zu strukturieren und komplexe Sachverhalte über die Zeit oder kurzfristig aufzubereiten und zu vermitteln.

Soziale Kompetenz

Als zentrale Elemente werden grundsätzlich Durchsetzungsfähigkeit und Anpassungsfähigkeit angesehen. Sie sind anforderungsbezogen (siehe Checkliste Trainer / Coach) – insbesondere im sportlichen Kontext –, realisieren sich in der Fähigkeit zu situativ-flexiblem Führungsverhalten und setzen Wissen um gruppendynamische Prozesse und die Individualität sowie gegebenenfalls altersspezifische Variablen voraus. Sie werden im sozialen Kontext über Kommunikationsfähigkeit aktiv und gehen einher mit Konfliktfähigkeit und zur Umsetzung von Gruppenprozessen. Die per se im Sport anzunehmende Teamfähigkeit, als Anpassung an diese bestehenden Gruppenstrukturen unter Wahrung der eigenen Position, setzt Durchsetzungsfähigkeit des Coaches und realiserte, sich ständig neu zu bildende Teambildung voraus.

Personale Kompetenz

Hier geht es um relativ stabile Charaktereigenschaften, die meist durch in der Persönlichkeitspsychologie genannten „Big Five“ abgebildet werden. Da aufgeführte eventuelle emotionale Labilität soll beim Coach im Hintergrund sein und Selbstregulierung, z. B. eigene Impulse in Schach halten können, dominieren. Das setzt auch die Fähigkeit voraus, eigene Emotionen und Grenzen adäquat einzuschätzen und sein Verhalten danach auszurichten und Impulse zu steuern, in Training und Wettkampf. Weiterhin wird die Offenheit für Erfahrungen gegenüber Neuem auch Anpassungsfähigkeit genannt und soll dem Coach / Trainer auch Weiterentwicklung seiner eigenen, sportübergreifenden Handlungskompetenzen abverlangen. Gewissenhaftigkeit, die Fähigkeit und der Wille zu Sorgfalt und Zuverlässigkeit sollen damit im Soll einhergehen sowie auch Aufrichtigkeit und Integrität. Beziehungsgestaltung und -aufbau im Team verlangen ein gewisses Maß an Rücksichtnahme auf der Basis von Kooperationsbereitschaft und auch Vertrauenswürdigkeit.

Bei der Darstellung in Kompetenzklassen ist logisch, dass bestimmte Fertigkeiten und Fähigkeiten, für die jeweils spezifische Realisierung des

Coachings (hier im Sport) grundlegender sind als andere und zu einem Verein / Team nur jeweils individuell passen und zu gewichten sind (vgl. FRIEDERICH, 2021). Außerdem ist eine selbstverständliche und gleichwohl oft vernachlässigte Voraussetzung für den Coach die umfassende Kenntnis des Umfeldes, des Vereines, des Managements und der kompletten Sportlerpersönlichkeit in seiner Entwicklung und aktuellen Situation.

KUHL (vgl. KUHL, 2019) schildert in seiner Arbeit die Notwendigkeiten der Weiterbildung von Sportlern und den Part des Coaches – über Anforderungsdimensionen hinaus – als herausfordernde Tätigkeit, die besondere Fähigkeiten verlangt. Der Coach müsse diese Herausforderung realisieren und auch in der Entwicklung der Spieler die emotionalen Aspekte beachten, das heißt im Lernen Freude bereiten und damit besser lernen können. Die herausfordernde Tätigkeit verlange Kompetenzen auf vielen Gebieten und Ebenen.

„Die Komplexität bzw. das Anforderungsprofil des Coaches ist ein sehr unterschätztes und wird durch die Einfachheit seiner Bezeichnung nicht ausreichend und gerecht widergespiegelt. Coachsein bedeutet auf sehr vielen Leveln das System zu erweitern. Oder anders formuliert: Coachsein ist ein fortlaufender Prozess, der je nach Dynamik kleinere oder größere Entwicklungsschübe birgt.

Entscheidend ist jedoch Lebenslanges Lernen.“ (KUHL, ebenda)

Als pragmatische Beschreibungen von Coachingverhalten / -fähigkeiten sei hier ein vom Autor erstellter Trainerbeurteilungsbogen genannt, der versucht relevante Kompetenzen als Beurteilungsinstrument zu nutzen.

Checkliste Trainer / Coach
Anforderungsprofil / Bewerberprofil
(*Markierung* **0** = *Anforderungen Verein (siehe 1 unten)*)
(*Markierung* **X** = *Beurteilung Personalberater (siehe 2 unten*)

Position / Stelle / Liga (Verein) …………………
Name(Coach): ……………………………………..
(Skalierung :1 = niedrig, 5 = hoch)

A Sportfachliche Qualifikation	1	2	3	4	5
1. Ausbildung (Grad, Niveau, Lizenz.)					
2. Erfahrung (Jahre, Liga, Schule / College, Land)					
3. Leistungsbilanz (Platzierung, Förderung Spieler …)					
4. Konzept (Training/Ausbildung, (Vereins-) Strategie)					
5. Eigene Spielererfahrung					

B Schul. / (außersportliche) berufl. Qualifikation	1	2	3	4	5
6. Schulische Entwicklung					
7. Berufliche(außersportliche) Entwicklung					
C Pädagogisch / psychologische Qualifikation	1	2	3	4	5
8. pädagogisch-psychologische Voraussetzung					

D Trainerpersönlichkeit	1	2	3	4	5
9. a) Allgemeine Leistungsanforderungen					
Arbeitsverhalten					
Arbeitsplanung / -organisation, -sorgfalt					
Zielorientierung					
Intellektuelles Niveau					
Rhetorik / Kommunikation / Präsentationskompetenz					
9. b) Persönlichkeitsanforderungen					
Führungsverhalten					
Durchsetzungsvermögen					
Kooperation					
Kontaktverhalten					
Aktivität (auch im Coaching)					

*Ergänzende / zusammenfassende Bemerkungen zum **Anforderungsprofil** seitens des rekrutierenden Vereins :*

....

....

....

....

....

*Ergänzende / zusammenfassende Bemerkungen zum **Bewerberprofil** seitens des Bewerbers/Coaches :*

....

....

....

....

....

Ad 1

Das Anforderungsprofil (Markierung 0) entspricht dem Soll der Zielposition (Nachwuchs, Assistant, Chef Coach o. ä.) seitens des Vereins

Ad 2

Das Bewerberprofil (Markierung x) entspricht dem Ist des Bewerbers, d. h. einer objektivierten Beurteilung durch einen Personalberater / Diplompsychologen auf Grund der Bewerbungsunterlagen/Curricula Vitae
Referenzen
Interviews ggfls. psychologischer Persönlichkeits-/Leistungstests

Die Checkliste ist bei Bewerbungen und Platzierung zur Beratung von Spieler*innen und von Vereinen in Basketballbundesliga eingesetzt worden.

Nach einem Hinweis durch den leitenden Coach in der deutschen Trainerausbildung im Basketball, Steven Clauss, lassen Sie mich ergänzen, dass es Sinn macht, die Dimension ‚Kontaktverhalten' in der Liste weniger neutral durch ‚Kommunikationsfähigkeit' zu ersetzen, um die Aktivität deutlicher zu machen. Hier hat auch der immer intensivere Umgang mit den sozialen Medien Bedeutung. Dem Coach, auch dem Sportler, wird heute Medienkompetenz abverlangt, ja sie wird fast vorausgesetzt. Die Präsenz in der öffentlichen Kommunikation dient dann ebenso der Darstellung persönlicher und sportlicher Interessen und folgt auch den Notwendigkeiten wirtschaftlicher Interessen wie Sponsoring und Identifikation mit den Anhängern.

Wie die Checkliste nur ein praktisches Beispiel für eine Trainerbeurteilungshilfe z.B. in Rekrutierungsfragen ist, seien hier veröffentlichte Meinungen über Spieler und Trainer aus dem Sportalltag aufgeführt, die Anforderungen beschreiben. Ich stelle den vorab dargestellten Kompetenzen und Fähigkeiten „auszugsweise" aktuelle Verhaltens- und Situationsbeschreibungen aus dem jüngsten deutschen (Basketball-) Sportalltag in der Presse (vgl. BIG, 2020/21) gegenüber, um die Spielerprioritäten respektive Trainer- und Coachingkonzepte oder auch Kompetenzen etwas plastischer oder eben „sprechender" zu illustrieren. Ich gebe sie indirekt wieder:

Ein Basketballbundesligaspieler zur Umsetzung von Spielkonzepten auf die Frage „Wie sieht die Spielidee aus?":

Es gehe um das Team. Man verstehe sich super und alle wüssten, was der Coach verlange. Man spiele keine komplizierten Pässe, sondern die einfachen, bewege den Ball, lese die Verteidigung. Zwar habe man viel Systeme, aber am Ende gehe es vor allem um eines freies Spiel. Das mache einfach Spaß- und dann laufe der Ball auch leichter …

Ein Kommentar über einen Trainer zur überraschend guten Saison:

Er stehe für erfrischenden, strategischen Teambasketball und lege großen Wert darauf, dass seine Spieler ihre Entscheidungsphasen verkürzten. Er habe lieber eine falsche Entscheidung als eine, die zu spät sei.

Eine Beschreibung eines Nachwuchsförderers von einem, der es in die NBA geschafft hat:

Er sei nicht von Beginn an der solide, zielstrebige und erfolgsorientierte Junge gewesen. Man habe mit ihm in allen Bereichen arbeiten müssen, um ihn auf den Weg zu bringen. Mentale Stärke, Eigenverantwortung – das sei ein Prozess gewesen. Es sei nicht immer einfach, jedem Spieler das zu geben, was er brauche. Man sei als Trainer häufig zu hart und streng. Und müsse auch die eigene Mentalität anpassen. Es überrasche nicht, wie er sich entwickelt habe. Er sei ein sehr interessanter, sehr intelligenter Typ. Seine Qualitäten seien schon früh zu sehen gewesen – und damit meine man gar nicht so sehr die sportlichen, sondern die menschlichen Qualitäten.

Ein Kommentar eines europaerfahrener Bundesligaspielers über seinen erfahrenen Coach:

Er sei ein Magier, ein Basketball-Gott. Es sei unglaublich, wie er es verstehe, das Spiel auf eine ruhige und besonnene Art und Weise zu lehren. Er schreie einen nie an. Man könne glauben, dass man noch nie im Leben einen derart geduldigen Menschen getroffen habe. Egal, wie oft man als Spieler Dinge auf dem Court falsch gemacht habe, er habe es uns wieder und wieder erklärt. In den zwei Jahren unter ihm habe man mehr gelernt als in der ganzen Karriere zuvor. Und man habe viele Trainer gehabt ...

Ein Basketballbundesligatrainer über einen ausländischen Kollegen, der in der höchsten europäischen Liga einen deutschen Verein gut platziert und sich entwickelt hat:

Es gebe in der Euroleague einige Trainer, die mehr Mumm bräuchten. Die theatralischen Eskapaden an der Seitenlinie, das Auswechseln eine Nachwuchsspielers nach einem Fehler und das Beschimpfen einheimischer Spieler ... das sei kein Coaching, das sei Mobbing ... Die meisten Spieler seien nicht doof und spüren, wenn der Trainer ihnen etwas vorspiele. Trainer, die jeden im Team in Verantwortung nähmen, seien die erfolgreichsten. A. sei so ein Coach. Es habe lange gedauert, bis er die Balance zwischen fordernd-aggressivem und respektvollem Umgang mit den Spielern gefunden habe – in dieser Saison habe er das gemeistert ... Er habe bewiesen, dass er in der Lage sei, in eine Organisation zu kommen und mit beschränkten Mitteln sehr gute Arbeit zu leisten. Das sei genau seine Qualität. Jeder Spieler habe seine Rolle und wisse, dass er der Mannschaft helfe, wenn er seine Rolle ausfülle. Egal ob er zwei oder 20 Minuten spiele....

Ein Verantwortlicher für Rekrutierung über die Integration eines Nachwuchsspielers:

... er müsse von seiner Entschlossenheit, seinem Mut und Ehrgeiz schwärmen. Es sei eine Sache, als Youngster zu debütieren, eine andere, sich als legitimer Teil einer Profimannschaft zu etablieren. Talent allein reiche nicht. Ohne den Willen, die Leidenschaft und die Bereitschaft, sein Ego hintanzustellen, dauere die Karriere nicht lange. M. bringe das alles mit ... Er habe sein Abi gemacht und gleichzeitig in der zweiten Liga und im Eurocup gespielt ...

Ein Basketballbundesligaspieler über langjährige Entwicklung durch seinen Coach:

Er sei sich nicht sicher gewesen, ob er es schaffe. Doch der Coach habe nur gemeint, ich brauche nicht unsicher zu sein, er sehe ja, was ich könne. Er sei definitiv sein Mentor, der alles herauskitze-

le, was in einem stecke. Er schenke einem wahnsinnig viel Vertrauen, indem er einen sehr viel spielen lasse. Er wisse ganz genau, wo man seine Stärken und Schwächen habe und woran man gezielt arbeiten müsse.

Ein junger Trainer über ein noch sehr junges herausragendes Talent, das Probleme mache:

J. sei einer der außergewöhnlichsten Spieler ... aber er sei Trainer. Er kümmere sich nicht um Probleme, sondern um Lösungen. Und man werde eine Lösung finden!

Eine Spitzenspielerin über die Zusammenarbeit mit ihrem neuen Trainer:

Er habe den Plan. Und sie mache, was er sage.

Ein Basketballbundesligacoach beschreibt einem Spieler wichtiges „Denken", um mit Spielsituationen umzugehen:

Never get too high, never get too low. Bleibe immer fokussiert und motiviert, auch nach einem großen Sieg, einer Niederlage nach großem Spiel ...

Und dazu ein junger Spieler über die Arbeit mit seinem Coach / Mentaltrainer:

Er *wolle sich nicht nur basketballerisch, sondern auch mental weiterentwickeln. Er wolle solche*

Dinge lernen, wie negative Gedanken während eines Spiels in Millisekunden in positive Energie umwandeln zu können, Routinen zu entwickeln.

G) COACHINGTECHNIKEN ALS BEISPIELE

Die Leistungsentfaltung des „guten Coaches“ ist determiniert durch seine Person und seine Coachingumwelt. Es muss sich mir hier die Frage stellen, wenn ich ein breiteres Coachingprofil andenke, ob über die engeren sportlichen Anforderungen hinaus dafür Raum bleibe. Als Exkurs lassen Sie mich dazu ausschnittsweise relevante *Coachingtechniken*, die einem qualifizierten Anforderungsprofil des „laufbahnberatenden und - entwickelnden Coaches“ methodisch zuzuschreiben wären, als Beispiele respektive Option oder Möglichkeit anreißen. Sie haben einen längeren geschichtlichen Hintergrund, besitzen aber in der aktuellen Literatur zur „Laufbahnentwicklung und -beratung“ (vgl. GASTEIGER, 2014) gleichwohl ihren aktuellen Stellenwert. Meines Erachtens können sie methodisch helfen, um auch sportliche Prozesse „in den Griff zu kriegen“ und bei der Entscheidungsfindung und Problemlösung zu unterstützen. Das in den Kompetenzbeschreibungen näher erläuterte methodische Element „Zielvereinbarung“ und im „Coachingalltag“ außerhalb des Sports „die“ Methodentechnik ist meines Erachtens auch als zentral für ein „Laufbahnberatendes Coaching“ und Kriterium für athletenorientiertes Coachverhalten anzusehen und hervorzuheben.

Im Hinblick auf den unten erwähnten Timothy GALLWEY respektive generell historische, sportbezogene Aspekte des Coachings sei hier zuerst die „Art und Weise des Coachings nach John WHITMORE“, eines Schülers von GALLWEY, umrissen, die sogenannte **„GROW“**-(vgl. WHITMORE, 2011)-Methode. Es macht meines Erachtens Sinn, die vier Schritte eines Coaching mit den Abläufen einer sportlichen Sport- und Handlungseinheit zu spiegeln, um zum „Inner Game“ den Prozessen „im“ Sportler und Trainer zu kommen – über Ergebnisse und Statistiken hinaus. Das GROW-Modell findet im Coaching häufig Verwendung, um Klienten bei der Entscheidungsfindung und Problemlösung zu unterstützen. In vier Schritten arbeiten Coach und Klient in Richtung der Ziele des Klienten / Sportlers:

1. **G**oalsetting: Definition eines gemeinsamen Zieles
2. **R**eality / **R**oadblocks: Bearbeitung von Fakten und Hindernissen im Hinblick auf Zielerreichung
3. **O**ptions: Herausarbeitung von Handlungs- und Lösungsmöglichkeiten
4. **W**ill: Festlegung der Umsetzungsschritte und der Motivationslage

„Die Anwendung des Modells erfolgt durch das Stellen von gezielten Fragen entlang der GROW-

Schritte in Kombination mit aktivem Zuhören. Aufgabe des Laufbahnberaters bzw. -coaches ist es dabei, sich in die Situation des Klienten hineinzuversetzen, Inkonsistenzen anzusprechen und klares Feedback zu geben, unterschiedliche Perspektiven aufzuzeigen und den Klienten zu motivieren, aktiv zu werden" (vgl. GASTEIGER, 2014).

Zur Umsetzung bedarf es – abgesehen von einer langfristigen Zeitachse und spezifischer Zieldefinition – differenzierter Fragetechniken (W-Fragen / Offene Fragen) – hier wird natürlich interviewtechnische Kompetenz vorausgesetzt. Der Autor sieht zum Beispiel eine *Zielvereinbarung* mit dem Team (z.B. als Mannschafts- / Spiel- / Verteidigungskonzept bzw. mit den Spielern /ihrer Rolle im Team) als ein zentrales Coachingelement kurzfristig oder über die Zeit hinweg – verbunden mit erkennbarer Authentizität und Glaubwürdigkeit. Die Zielvereinbarungen werden „zielführender" und über die Zeit konsensbildend, wenn sie mit Hilfe der SMART-Regeln erfolgen:

Das Zielkriterium **S**/*spezifisch* bedeutet: Ziele sollen möglichst klar und verhaltensbezogen formuliert sein.

M/messbar meint: Die Zielerreichung soll anhand bestimmter Kriterien überprüfbar sein.

A/Attraktiv und beeinflussbar heißt: Die Erreichung eines Ziels soll attraktiv und von der Person/Mannschaft, die sich das Ziel setzt, aktiv beeinflusst werden können

R/Realistisch bedeutet: Ein Ziel soll herausfordernd und zugleich realistisch sein, d.h. für die Person/das Team (unabhängig von anderen) sein erreichbar

T/Terminiert meint: Die Zielerreichung soll bis zu einem bestimmten, angemessenen Zeitpunkt erfolgen, der festgelegt wird.

Die Zielkriterien können Erweiterung finden durch andere Zieldefinitionen/Modelle (PURE/CLEAR) (vgl. GASTEIGER, siehe unten)

Laufbahnberatendes und -entwickelndes Coaching kann auch methodisch durch das sogenannte Akronym *RISE*-(engl. aufsteigen / wachsen)-Modells dargestellt werden, bzw. RISE kann als GROW-ähnliches Muster für die Stufen von Handlungseinheiten oder Entwicklungsschritten in einem mehrmonatigen Beratungsprozess dienen, sei es z.B. bei der Berufsfindung oder eben meines Erachtens auch bei sportlichen Prozessen (z.B. die Eingliederung eines neuen Spielers in das Mannschaftsgefüge zur neuen Saison – weitere Beispiele siehe oben „Projekte“).

In Abweichung vom klassischen Coaching schließt *Laufbahnberatendes und -entwickelndes Coaching* begleitende Wissensvermittlung, Input und Feedback ein, um die Motivation und eine Kenntnisbasis für neue Ziele zu stabilisieren –

womit sich der Kreis zum Training schließt. Die vier Schritte des RISE-Modells:

Relationship / Beziehung: dient dem Kennenlernen, dem Aufbau einer Beziehung in Offenheit und Orientierung über die Rollen und den Ablauf der Zusammenarbeit. Wie ist die Situation? Was soll aus Sicht von Klient*innen/Spieler*innen erreicht werden? In welchem Zeitrahmen?

Insights / Einblicke: klärt vorhandene Selbstreflexion und Selbstkenntnisse sowie deren Stabilisierung. Wo stehe ich? Was sind meine Erwartungen, Stärken und Vorstellungen über Entwicklung? Potenzial zum Selbstmanagement?

Strategies / Strategien: Entwicklung von neuen Perspektiven und realistischen, konkreten, selbst gewählten Zielen und Strategien. Wohin will ich und welche Schritte muss ich machen?

Evaluation/Evaluierung: nachdem der/die Klient*in / die Sportler*innen mit Unterstützung seine Ziele verfolgt und Fortschritte (auch durch Feedback) gemacht hat, bleiben realisierte Ziele zu erkennen. Bin ich in meinem Entwicklungsplan weitergekommen? Habe ich über die Zeit Kenntnisse, Techniken erworben, die mich zu einem ersten Ziel gebracht haben und die mich verstärken und aus denen ich Nutzen ziehe?

Hier kann dann durchaus entgegnet werden, dass es ja selbstverständliche Schritte, vielleicht sogar als banal anzusehende, eines Sportcoaches seien.

Gleichwohl meint der Autor mit Erfahrung sagen zu können, dass der reflektierte Handlungsablauf für die Entwicklung und Förderung eines Sportlers grundlegende Bedeutung hat auch im Hinblick auf eigenverantwortliches Handeln und Selbstmotivation und kann so ein Stück (sport)berufliche Personalentwicklung sein. Da meines Erachtens das Wort „Personalentwicklung" im Leistungssport mehr Präsenz und natürlich dessen Umsetzung verdient hat, sei zwischen den Zeilen einmal darauf verwiesen, dass in der Sportwissenschaft längst von Gleichsetzung von Sport und Arbeit (und nicht mehr vom „Homo (spielenden) ludens") also ökonomisch / wirtschaftlichen Bedingungen gesprochen wird und der Sport keine Parallelwelt bildet. Führungsverhalten im Spitzensport verlangt nach Personalentwicklung.

Beratungssituationen, auch wenn sie diesen Schritten im Prinzip folgen, können einmal oder, wenn so definiert, auch primär als Zielrichtungen die Erlangung von Empfehlungen, Tipps, Informationen und Hilfestellungen eines Experten / Wegweisers / Trainers (siehe die enge, spezifische Rolle im angloamerikanischen Raum) haben. Die Beratung hat hier zu tun mit spezifischen methodischen und fachlichen Inhalten und deren Vermittlung und schließt auch hier den Kreis zum Training. Orientiert man sich an Modellen einer ganzheitlichen *Laufbahnberatung*, die dann ja auch unterschiedliche Zeitachsen haben kann, dann geht es auch um ein kooperatives Vorgehen. Das verlangt körperliche aktive Mitarbeit, geistige Auseinandersetzung und Aufmerksamkeit des „Klienten“ in jeder Phase. Dabei sind die intellektuellen Kapazitäten eines/r Spieler*in oder auch das Niveau eines (nur) Basketball-IQs zu berücksichtigen. Hier kommen wir zurück auf das unten von einem Trainer aufgeführte Unterscheidungsmerkmal oder besser gesagt einen möglichen Stil zwischen / von Coaching gleich „Depends on *Asking*“ und Training gleich „Depends on *Telling*“. Wenn wir von „ganzheitlich“ sprechen, schließt das immer ein, dass methodisch ein (Sport-)Coach oder auch Therapeut im Berufsalltag in der Regel „seine“ Mischform praktiziert.

Die Konstrukte GROW/RISE können also somit meines Erachtens, im Sinne eines *Laufbahnberatenden und -entwickelnden Coachings*, genutzt werden, um sportliche Prozesse für Sportler und Coach / Trainer auch über einen längeren Zeitraum (eine Saison?) besser zu strukturieren und zu evaluieren.

Projekte könnten z. B. sein:

1. *Technisch-taktische Integration eines neuen Spielers (in der Saisonvorbereitung)*
2. *Positionsspezifisches Individualtraining (über die Saison, praxisbegleitend)*

3. *a) Mentale Vorbereitung / Mentales Training (als Spielvorbereitung und / oder Saisonstrategie)*
   b) Erstellung eines Playbooks(zur mentalen Vorbereitung, vgl. LANZILLO, 2017)
4. *Langfristige Spielerentwicklung (in der Entwicklungsphase von 18 bis 22 Jahren)*
5. *Post-Careermanagement (Vorbereitung auf den Übergang nach der Karriere)*
6. *Umsetzung eines Spielsystems respektive perspektivisch die Laufwege eines Spielers*
7. *Mögliche Coachingschritte können hier die Abfolgen von Profiling – Rekrutierung – Commitment – Zielbeschreibung und Performance / Statistik und Evaluation sein.*
8. *Interne / externe Trainerausbildung*

Hier soll mit dem Begriff *Laufbahnberatendes und -entwickelndes Coaching* keinem rigiden Modell das Wort geredet werden. So kann in unserem Sprachgebrauch ja eben Trainer auch Coach sein und methodisch mehrdimensional arbeiten (müssen). Gleichwohl sollen, nach diesen Überlegungen, die strukturierten oder gemeinsam zu strukturierenden *Ziele* der Klienten*innen/Sportler*innen und die Arbeit am *Selbstmanagement* im Vordergrund stehen.

Oft sind – im Gegensatz zu klassischen eher „zurückhaltenden“ Coachings – Inputs, Information,

Sparring durch den Coach / Trainer gefragt. Dabei werden die unten erwähnten Facetten / Berührungspunkte des Coachings offensichtlich. So kann sich die Beratungsform auch als Mentoring darstellen, indem Erfahrungswissen, persönlicher Rat und Unterstützung auch durch Externe vertraulich weitergegeben werden. Neben dem Mentor sind in den Lernprozessen die Einbindung von Personen mit Erfahrung und auch Vorbilder oft ein Motor oder Katalysator.

Es können zudem in Rollentrennung auch andere Mitglieder des Trainingsstabes wie Co-Trainer, Sportpsychologen und Physiotherapeuten in der Verantwortung sein. Es kann aber auch arbeitsteilig und methodisch unterschiedlich gearbeitet werden, indem der Hauptperson (in diesem Fall der Sportcoach) ein anderer Fachmann / Sportpsychologe / Co-Trainer zur Seite steht und z.B. mit einem „Kurzzeitcoaching“ (siehe unten) parallel im Background arbeitet. Der Coach / Trainer coacht den Spieler in seiner Entwicklung im Team, der „andere“ Coach arbeitet mit dem Sportler hinsichtlich langfristiger Karriere.

Obwohl hier der Coach als zentrale Figur beschrieben wird, sind die Motivation und die Ziele der Sportler*innen die Hauptsache. Er / sie hat Bedarf, muss sich äußern, nach Unterstützung fragen, um seine/ ihre Schritte nach vorn zu machen.

Wie eingangs, später abschließend und wiederholend beschrieben, gebe ich hier in der Hauptsache eigene theoretische Erkenntnisse, Impressionen und Erfahrungen aus meinem Blickwinkel wieder.

In Bezug auf die geschilderte „Sportwelt" muss ich betonen, dass diese in seinen Zusammenhängen selbstverständlich zum Beispiel durch andere, höhere Anforderungen in Bezug auf Sport- und Liganiveau und wirtschaftlichen Background determiniert und verändert wird.

Ich möchte mit diesem erweiterten Blickwinkel auf Namen lenken, die die Welt des Basketballs nicht nur zum Thema „Coaching" bestimmt und verändert haben. Gleichwohl lassen Sie mich so frei sein sie auch unter meiner Überschrift *Laufbahnberatendes und laufbahnentwickelndes Coaching* und als Beispiele des eingangs erwähnten basketballerischen *Macrocoachings* zu umschreiben. Sie haben mich, der ich zu beiden eine persönliche Beziehung habe, wie die Sportwelt über Jahrzehnte beeindruckt :

Zum einen ist es *John Wooden*, der erfolgreichste USA College Coach (mit der University of California, Los Angeles / UCLA) in seiner Wirkung über die 60/70er-Jahre hinaus (es sie mir erlaubt hier einzuschieben, dass mir seinerzeit ein persönliches Studienangebot von Wooden / UCLA vorlag). Einer seiner ehemaliger Spieler, John Ecker, hat ihn für mich als Persönlichkeit und Coach beschrieben.

Zum anderen geht es aus der jüngeren Vergangenheit um das NBA-Champion-Duo *Dirk Nowitzki / Holger Geschwindner*, das die Dallas Mavericks mehr als beeinflusst hat.

Ich habe mich einige Male mit Holger / „Hodge" (sein Name in USA) über Coaching unterhalten. Er ist mein Freund und jahrelanger Mitspieler in der deutschen Nationalmannschaft. Ich habe zwar – wie viele andere – seine Philosophie nicht durchgehend verstanden, aber seine innere Logik. Und er hat *laufbahnberatendes und laufbahnentwickelndes Coaching* für eine Anzahl von Spielern, nicht nur Dirk Nowitzki, realisiert und „kümmert" sich noch heute um Nachwuchs in seiner Open Gym in Bamberg. *Zielvereinbarung* und *Selbstmanagement* sind seine Bausteine. Er ist Individualtrainer, Förderer, Mentor, Berater und Sparringspartner und eben ein „guter Coach", obwohl nicht mit einer formalen Trainerausbildung. „Hodge" war immer Individualist, arbeitete mit unkonventionellen Methoden – auch von außerhalb des Sports – an Technik, Taktik und Gruppendynamik und führte einen „schlaksigen Jungen" zu einem der besten Basketballer der Welt, und zudem beratend im privaten Umfeld, also eher ein „Makrocoaching", ohne die Leistungen seiner Mannschaftscoaches schmälern zu wollen.

Dirk N. über „Hodge“ Geschwindner :

„Holgers Bücher haben mir andere Perspektiven eröffnet und meinen Horizont erweitert. Es war nie so, dass ich der Belesenste war, aber für mich hat das funktioniert. Holger wollte mich nicht nur auf dem Spielfeld weiterentwickeln, sondern auch menschlich, geistig … Es klingt jetzt vielleicht ein bisschen kitschig, aber auch wenn es um Basketball geht, da hat er mir alles beigebracht. Ich meine, ich war damals ein 16-jähriges Kind, das es wahrscheinlich nicht in die NBA geschafft hätte. Und jetzt bin ich der siebtbeste Scorer, der jemals in der NBA gespielt hat. Das ist schon absoluter Wahnsinn, und das habe ich alles ihm zu verdanken. Ich habe hier in den 18 Jahren mit vielen Individualtrainern gearbeitet. Das, was Holger weiß, das weiß kein anderer, das kann keiner. Die Kleinigkeiten, die er einem beibringt, sind absoluter Wahnsinn. Ich weiß nicht, wie Holger das gelernt hat, denn das kann sonst niemand.“ (vgl. OTT, 2015)

John Ecker ist ein guter Freund, beliebter Sportler und langjähriger herausragender Mitspieler beim TSV Bayer Leverkusen, mit dem ich drei Meisterschaften und zwei Pokalsiege feiern konnte. Er studierte und spielte vier Jahre im erwähnten UCLA College und wurde dreimal unter Coach Wooden Collegemeister. Sein Mitspieler war die Basketballlegende Kareem Abdul-Jabbar: Er war seinerzeit – in den siebziger Jahren – der einzig erlaubte US-amerikanische Spieler. Er ist verheiratet mit Heide, ehemals Rosendahl, eine der je Besten in der Leichtathletik überhaupt, speziell im Sprint, Fünfkampf und Weitsprung, geehrt unter anderem als überragende Olympiasiegerin 1972 im München. John und Heide haben zwei Söhne.

John Ecker über seinen Coach: „Bei meinem extrem erfolgreichen College Coach *John Wooden* (UCLA) ging Leistungsentwicklung Hand in Hand mit der Persönlichkeitsentwicklung seiner jungen Athleten. Er hat seine Lebensphilosophie mit allen Konsequenzen vorgelebt und zahlreiche, enorm wichtige Eigenschaften wie Fleiß, Zuverlässigkeit, Leidenschaft, Konzentration, sorgfältige Vorbereitung und Planung, Disziplin und Teamarbeit mit Nachdruck, Können und viel Geduld vermittelt. Wir Athleten haben oft erst nach unseren Jahren unter seiner Mannschaftsführung richtig erkannt, wie viel Einfluss er auf unsere Denk- und Verhaltensmuster hatte. Meine Söhne können ein Lied davon singen!“

H) SCHLUSS ODER BLICKWINKEL

Bei dem Versuch der Skizze über „Coaching und Training“ habe ich nochmal realisiert, wie eigene Erlebnisse damit thematisch und inhaltlich zusammenpassen und sich mir verschiedene *Blickwinkel* wiedereröffnet haben. Das Leben dauert an – die Perspektive wechselt.

Ein *familiärer Blickwinkel*: Die familiäre und schulische Sozialisation führte mich über den Schulsport und ersten Titeln mit 18 Jahren gleich in die Nationalmannschaft und insgesamt 150 Einsätzen sowie in die deutsche Basketballbundesliga (für zwölf Jahre).

Highlights waren dann fünf Meisterschaften, vier Pokalsiege und die Teilnahme an Universiade, Europameisterschaften und den Olympischen Spiele 1972 sowie die Berufung in die Europaauswahl. Zwischenzeitlich hatten mich einige Angebote von amerikanischen Colleges mit gutem Ruf erreicht. Ich hatte mich dann für Europa entschieden, weil damals die USA eine zu fremde Welt war. Den *angloamerikanischen Blickwinkel* habe ich verpasst. Bei den ansonsten fröhlich genannten Olympischen Spielen 1972 wurde auch die politische Einbettung des Sportes deutlich – es war ein Kampf Ost gegen West – und sie endeten mit einem Attentat auf israelische Sportler … und ich wurde bester Scorer der deutschen Mannschaft. „The games must go on!“, entschied seinerzeit der IOC Commissioner A. Brundage und die Aussage war mit Schmerzen verbunden.

Ich begann parallel zur sportlichen Laufbahn (also dual, mit einem kleinen Stipendium) mein Psychologiestudium in Bonn, unterbrochen durch Zivildienst und einen längeren Aufenthalt als Spieler bei Real Madrid. Ein spezieller *Blickwinkel aus dem Ausland*:

Die Zeit dort mit meiner Frau war für uns damals das sportliche und familiäre Highlight! Nach der Zeit als sogenannter (fast) lupenreiner Amateur bis zu den Olympischen Spielen habe ich sowohl Erwerbs- als auch Versorgungschancen realisiert, sprich, die Zeit als sehr hochbezahlter Profi erlebt und zudem einen „guten Coach“ gehabt, Pedro Ferrandiz (der noch kürzlich in die sog. Hall of Fame des europäischen Basketballs gewählt wurde). Ich habe dort (dual) die spanische Sprache studiert und gut erlernt, weil mir der Trainer keine andere Fremdsprache zugestand (das war und ist teampsychologisch sehr relevant!). Ich habe dort auch mal in meine Studienbücher geschaut, soweit es das mehrmalige Training am Tag und der Kopf noch zuließen. Und: Wir spielten gut auf dem höchsten europäischen Niveau! Kurzum: Der hochprofessionalisierte Club hat andere Möglichkeiten und bietet mir einen Fünfjahresvertrag. Ich lehnte (leider) ab, um mein Studium in Präsenz fortzusetzen (Fernstudienmöglichkeiten gab es in der Form nicht). Zurück nach Leverkusen zum alten und dann doch neuen *heimischen Blickwinkel*. Als Rekonvaleszent musste ich nach einer schweren Knie-OP erfahren, dass ich eventuell keinen Leistungssport mehr treiben könne … aber es wurden noch weitere gute sechs Jahre mit zwei Meistertiteln und Nationalspielen. Weiter parallel Studium und Examen, um dann mit Halbtagstätigkeit Sport und Beruf semiprofessionell zu verbinden. Dann war „Schluss mit lustig". Nach einer wunderschönen „Homenaje" (so nennt man sportliche Abschiedsfeiern in Spanien), zu der man meinen alten Club Real Madrid eingeladen hatte, kam es zum neuen *Blickwinkel von Familie und Beruf*: Die Konzentration galt der Förderung des eigenen Nachwuchses aus den achtziger Jahren und der beruflichen Entwicklung im Personalwesen der Bayer AG in den nächsten Jahrzehnten. Man war auf Distanz zum Basketball. Er wurde gemeinsam von der Tribüne verfolgt oder ich schwitzte mit Senioren. Die Kinder erfuhren übrigens durch ihre frühe Präsenz in den Hallen eine erste sportliche Sozialisation im Spielen mit Gleichgesinnten. Meine berufliche Arbeit galt auch der Laufbahnberatung von Leistungssportlern. Einigen hundert Jugendlichen aus verschiedenen Sportarten des Werksklubs konnte ich in und durch die Duale Karriere in ein Ausbildungsverhältnis verhelfen – mit engagierten Ausbildern und Trainern. Die Thematik ist noch heute akut. Über die Jahrzehnte hinweg habe ich übrigens die Kommunikation mit anderen Sportlern ihre Sportarten als besonderes Sporterleben mit Perspektiverweiterung genossen. Die Sportler, auch schon im Einzel- oder Mannschaftssport, sind nicht alle gleich. Auch da braucht es andere Blickwinkel. Weiter: Der Sport lässt einen nicht los – wieder ein *Blickwinkel als Trainer*: Es folgte eine Phase als Co- und Individualtrainer im Bundesligaverein. Auch da wurde ein Auge auf den (besonders langen) Nachwuchs geworfen. Nächster *Blickwinkel als Funktionär*: Ich wurde in den Vorstand der Basketballabteilung von TSV Bayer 04 Leverkusen gewählt mit den Funktionen Rekrutierung und Nachwuchskoordination und erlebte alle Facetten des Profibasketballs – diesmal als ehrenamtlicher Funktionär. Auch die Identifikation mit „seinen Profis" führte zu einem anderen emotionalen Sporterleben und Perspektive. Das Niveau war sehr hoch – die Bezahlung erreichte europäisches Niveau, wie auch das Team, und ich erlebte die Entwicklung zum Deutschen Rekordmeister. Der länger dauernde *Blickwinkel – berufliche Sozialisation* ist die bestimmende, die einen fordert und auch überfordert, ins Schwitzen bringt, aber das körperliche Abreagieren fehlt!

Verfolgt wurde die sportliche und auch schulische Entwicklung der Kinder. Alle, Mayte, Moritz und Birte gingen in Richtung Abitur und spielten Basketball auf Bundesliganiveau. Moritz war für 6 Jahre in den USA. Birte startete mit 17 in der ersten Damenliga, ist bis heute dort präsent und hat es auf 65 Nationalmannschaftseinsätze gebracht. Jetzt freuen wir uns – hoffentlich nach Corona – darauf, auch sie wieder in der Halle zu verfolgen!

Über die beiden Töchter gelangte ich dann zum nächsten *Blickwinkel – wieder als Funktionär und wieder ehrenamtlich*: Man wählte mich zum Präsidenten der Damen-Basketball-Bundesliga. Dort ist (immer noch) viel zu tun in einem semiprofessionellen Bereich mit viel Ehrenamtlichkeit und wenig notwendiger Medienpräsenz. Es macht gleichwohl Spaß und die Damen spielen auf hohem Niveau mit wenig Unterstützung, was ihre dualen Qualifikationen betrifft. Ich profitiere gleichwohl von dieser Perspektive des Sportmanagements – wieder als „Funktionär“.

Auch letztere Tätigkeit endete – wie meine eigentliche Berufstätigkeit. Der noch **aktuelle Blickwinkel**: Mit meinem Sohn gründete ich vor zehn Jahren die schon im Text erwähnte Agentur Laufbahncoaching T. I. M., mit der wir bisher etliche Spieler und Trainer der Bundesliga mit ganzheitlichem Konzept betreuen konnten, auch auf dem Weg in die Nationalmannschaft – von der

Spielervermittlung bis zum „Post Career Planning". Unsere Agentur arbeitet in der Richtung Sportlermanagement und bietet auch außer sportliches Coaching speziell im Bereich Beruf und Ausbildung.

Der *beste Blickwinkel*: Zurzeit und hoffentlich weiter sind meine Frau und die Kinder gesund. Letztere sind alle hoch qualifiziert im Beruf oder noch im Masterstudium. Wir sind vor drei Jahren Großeltern geworden und haben mit unseren Kindern Goldene Hochzeit gefeiert!

I) ANHANG VON CONSTANTIN COSTIS

Mein langjähriger Freund Constantin Costis hat sich konstruktiv-kritisch mit meinem Text auseinandergesetzt und meines Erachtens wesentlich zum Ergebnis beigetragen.

Ich habe hier versucht, meine Erkenntnisse, Eindrücke, Fragen und Ideen mit Biografischem zu spiegeln.

Lassen Sie mich deshalb mit seinem für mich sehr beeindruckenden Beitrag schließen, der diese Absicht, persönliche Hintergründe und die aufgeführten **Blickwinkel** noch einmal plastisch verdeutlicht.

Mein Blickwinkel auf den Autor

Ein Leben für und mit dem Sport.

Respektive die Sozialisation eines „guten“ Coaches.

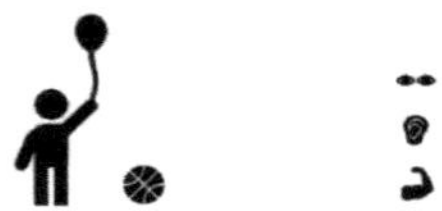

Blickwinkel *DREAM CHASER*

- Chasing a dream
- junges Talent
- Lernt von Coaches / Trainern / Mitspielern

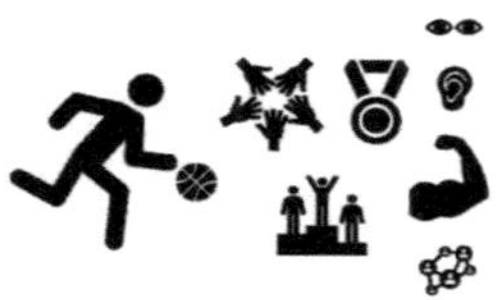

Blickwinkel *TEAM LEADER*

- Living the dream
- Führungsspieler mit Vorbildfunktion für etabliert Spieler und junge Talente
- Kapitän der Mannschaft und Bindeglied zwischen Trainer-Stab und Mannschaft

Blickwinkel *STUDENT OF LIFE*

- Beyond the dream
- „Ein ungeübtes Gehirn ist schädlicher für die Gesundheit als ein ungeübter Körper." (George Bernard Shaw)
- Vorsorgen für eine Karriere nach der professionellen Karriere, des nicht ewig währenden Spitzenathleten
- Eine neue bzw. zusätzliche Berufung finden und aneignen

Blickwinkel *TRAINER / COACH*

- Dream On
- Verantwortung am Spielfeldrand übernommen
- Paradigmenwechsel On the court / Off the Court
  - vom Spieler, zum Trainer und zum Coach herangereift

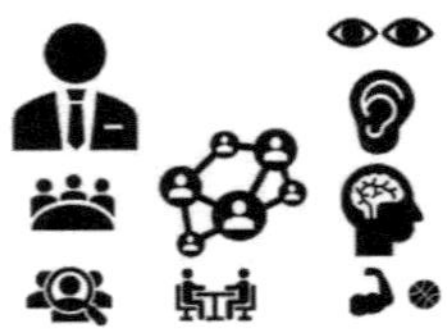

Blickwinkel *DEVELOPER / MENTOR*

- Stop dreaming, make it happen!
  - Develop talents and encourage young people to catch their dreams
- Verantwortung in einem Konzern übernommen
- Paradigmenwechsel Off the Court -> In the Stands
  - Dem Sport stets verbunden und in neuer Rolle gelernte und gelebte Tugenden neu interpretieren

Blickwinkel *ALL IN ONE*

- Paving the way for the new generation of dream chasers
- Verantwortung in vielen Rolle übernommen
  - Mitspieler
  - Team Leader
  - Studierter des Lebens
  - Trainer & Coach
  - Förderer & Mentor

Blickwinkel *A GOOD COACH*

- Team up with Moritz Son
  - Looking for talent and develop it
  - Support talent in achieving their goals on and off the court
- Berater, Mittler, Mentor, Coach, Freund
  - Jungen Menschen Möglichkeiten auf und abseits des Platzes aufzeigen
  - Werkzeuge an die Hand geben um Perioden des Lebens meistern zu können
  - Geist und Körper fördern in Form einer Dualen Ausbildung
    - Bewusstsein schaffen du kannst mehr als „nur“ ein Athlet sein, du musst es sogar!
  - Sportliche Perspektive, finanzielle Sicherheit sowie akademische / fachliche Ausbildung für die Klienten evaluieren und in verschiedenen Phasen ihrer Karriere anpassen

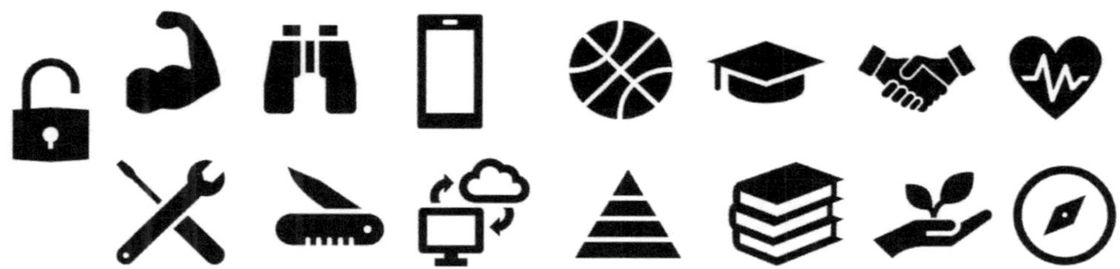

DANKSAGUNG

Ich möchte mich bei allen Freunden bedanken, die mich unterstützt haben, diese „Erkenntnisse, Eindrücke, Fragen und Ideen“ zum Thema Entwicklung und Förderung von Leistungssportlern, die sich durch berufliche und sportliche Erfahrungen im Laufe der Jahre angesammelt haben, in dieses Buch umzusetzen.

So haben mich frühere Mitspieler und Coaches mit „passgenauen Assists“ bedient, meine Texte gegengelesen und Anregungen gemacht.

Insbesondere hat mir mein Freund Heinz Schäfer, mit dem ich meine erste Deutsche Meisterschaft errungen habe, als Pädagoge und Coach produktive Anstöße und Hinweise gegeben, durch die ich mein hier dargestelltes Anliegen transparenter und strukturierter machen konnte.

Das Gleiche gilt für Steven Clauss, ein langjähriger Basketballbundesliga- und Verbandscoach, der auch Jahrzehnte Coaches ausgebildet hat und aktuell mit der Aufgabe eines Mentalcoaches in Aus- und Weiterbildung im Sportverband betraut worden ist.

Und Henning Kuhl, befreundeter Journalist und Buchautor, der wichtige Hinweise und viel Zeit zur Verfügung gestellt hat.

Nicht zu vergessen Rainer Schulz, ein Freund und langjähriger Weggefährte im Basketball, und

Holger Geschwindner, mit dem ich über Jahrzehnte das Trikot der Nationalmannschaft getragen habe.

Sie haben mich bestärkt, einen Weg zu finden, um über den Anfang mit den Begriffen „Coaching“ und „Training“ und Biographisches zu einem Ergebnis zu gelangen.

Nicht zu vergessen ist wieder mal meine Familie, die mich kritisch bestärkt hat.

Besonderen Dank schulde ich meinem Freund und Familienmitglied Constantin Costis, dessen Beitrag im Buch seinen Platz gefunden hat! Er hat mit seinem „Blickwinkel“ sehr anschaulich, graphisch beeindruckend und empathisch die inhaltlichen und persönlichen Facetten meines Versuches dargestellt.

LITERATUR

ATHLETEN DEUTSCHLAND, https://athleten-deutschland. org

BIG, Basketball in Deutschland, Berlin, Sternschritt Media Verlag GmbH, Ausgaben 100ff, Erscheinungsjahr 1920/21

FRIEDRICH, Wolfgang, Optimales Trainerwissen, Grundlagen der Sporttheorie und Sportpraxis, Balingen, Spitta Verlag, 2021

GASTEIGER, Rosina M., Laufbahnentwicklung und- beratung, Göttingen, Hogrefe Verlag, 2014

GALLWEY, Timothy, W., Tennis - Das innere Spiel: Durch entspannte Konzentration zur Bestleistung, München, Goldmann TB Verlag, 2012

GREIF, Siegfried, Coaching und ergebnisorientierte Selbstreflexion, Göttingen, Hogrefe Verlag, 2008

KEIL, Vom Anfänger bis in die Weltspitze, Berlin, Deutscher Psychologenverlag, Report Psychologie, 42 3/2017

KUHL, Verständnis, Rolle und Bedeutung von Weiterbildung bei ehemali- gen Leistungsportlern, Masterarbeit zur Erlangung des Grades Master of Arts, Universität zu Köln, 2019

LANZILLO, Anthony B., 2017, 12-Step Mental Prep Playbook. Abgerufen 3. Nov. 2021, von https:// www. coachesclipboard. net/mentalprepplaybook. html

LINZ, Lothar, ErfolgreicheTeampsychologie, Aachen, Meyer und Meyer Verlag, 2014

LIPPMANN, Eric, Coaching, Berlin/Heidelberg, Springer Verlag, 2013

OTT, Ulrich (Hrsg.), Eine Festschrift zum 70. Geburtstag von Holger Geschwindner, Berlin, AusDruck Verlag, 2015

PAASCH, Rene, Sind Leistungsportler für den Arbeitsmarkt geschaffen?Abgerufen 3. Nov. 2021, von https://www. die – sportpsychologen. de/2018/03/dr. -rene-paasch-sind-leistungsportler-fuer-den-arbeitsmarkt-geschaffen/

ROONEY, Martin, 24. Feb. 2016, 12 Differences-between- trainer-coach. Abgerufen 3. Nov. 2021, von https://www. linkedin. com/pulse/12 Differences – between- trainer-coach-martin-rooney/

SCHWAAB, Markus-Oliver, Leistungsportler:Unternehmen unterschätzen Potenzial, Münster, Philippka Verlag, in: Leistungssport 4/2010

STOLL, Oliver, PFEFFER, Ines, ALFERMANN, Dorothee, Lehrbuch Sportpsychologie, Bern, Hans Huber Verlag, Hogrefe Verlag 2010

WHITMORE, John, Coaching für die Praxis, Todtnauberg, Alles im Fluss Verlag, 2011

THIMM, Norbert, Zur psychosozialen Betreuung von Leistungs - und Spitzensportler*innen, Münster, Philippka Verlag, in: Leistungsport 5/1981

TRANSFERMARKT-Das Fußball-Portal mit Transfers, Markwerten, Gerüchten und Statistiken. https://www. transfermarkt. de
HOMEPAGE LaufbahncoachingT. I. M. . https://www. laufbahncoachingtim. com

WEITERFÜHRENDE LITERATUR :

COACH KRZYZEWSKI, Mike, PHILLIPS, Donald T., Leading with the Heart, New York, Warner Books, 2001
GESCHWINDNER, Holger, Nowitzki – Die Geschichte, Hamburg, Murmann Verlag, 2012
GRISHAM, John, Das Talent, München, Heyne Verlag, 2021
HERBER, Johannes, Mein Leben als Basketballprofi, Berlin, Berlin Verlag in der Piper Verlag GmbH, 2014
JACKSON, Phil, Sacred Hoops, New York, Hyperion Verlag, 2012
PETERS, Bernhard, FührungsSpiel, München, Heyne Verlag, 2008
PITINO, Rick, Success is a Choice, New York, Broadway Books, 1998
RILEY, Pat, The Winner Within, New York, Berkley Books, 1994
SENGFELDER, Christian, Der lange Weg zum Basketballprofi, Köln, Edition Steffen, 2020

WOODEN, John, The Wisdom of Wooden:My Century on and off the Court, New York, Mc Graw Hill Book Co, 2010

NORBERT THIMM IM WWW

- https://www.facebook.com/Laufbahncoaching-TIM-434301400030852
- https://www.facebook.com/norbert.thimm
- https://www.linkedin.com/in/norbert-thimm-3a27a343/
- https://www.xing.com/profile/Norbert_Thimm/portfolio
- https://twitter.com/home
- https://www.psychologenportal.de/karte/norbertthimm.html